ゴルフ㊙ハーフスイングの法則

いまの技術でシングルになる

JN284024

永井延宏

青春新書
PLAYBOOKS

はじめに

ゴルフスイングには、必ず元となる物理法則があります。それは地球上に存在するすべての物質・事象を支配しており、当然カラダとクラブの動きも同じ。それに照らし合わせればスイングは非常にシンプルに説明できるし、それを理解しさえすれば、誰でも安定したスイングを手に入れられるのです。

こう言うと、どんな難しい法則なのかと思われるかもしれませんが、なんのことはない、みなさんのよく知っている「作用・反作用の法則」です。しかし、これが大事だということに、うすうす気づいている人も多いのではないでしょうか。

「作用・反作用」のひとつに、悪しきスイングを表す「明治の大砲」という言葉があります。フィニッシュで体重が右足に乗って、まるで後ずさりするようなフォームですね。「それじゃ明治の大砲だよ」なんて、一声かけるだけであたかもレッスンプロにでもなったかと思わせるくらい、この言葉にはパワーがあるのかもしれません。

でも、本書の中で詳しく説明していますが、スイングにおける「明治の大砲」は間違いではありません。しかしながらゴルフスイングにおける「作用反作用の法則」を正しく機能させるためには、「明治の大砲」ではなく「入れ替え」がキーワードになります。

ゴルフスイングの原理原則である「入れ替え」を習得するための練習方法は、ハーフスイングです。「ハーフスイングをマスターしたって、あと半分残っているんだから、道は遠いんじゃないの?」と思われるでしょうか。でも、実はハーフスイングも身体の動きはフルスイングと同じであり、そこからフルスイングへの展開もそれほど遠い道のりというわけではありません。

それどころか、「入れ替えによるハーフスイング」をマスターすれば、それだけで「シングル」と呼ばれるスコアが出せるようになるのです。ハーフスイングが表現するのはまさしくインパクトゾーンであり、それがスイングにおける絶対基準となります。この動きを原理原則にしたがってつくっていければ、ダフリ、トップ、シャンク、連続OBなどの絶望的なミスから逃れることができます。しかも、ハーフスイングだからといって飛距離も「ハーフ」というわけではなく、フルスイングの80%前後は楽に出ます。

上達を諦めるのは、まだ早いのです。今まで、原理原則を無視したスイングづくりをしてきたためにスイングがよくならなかっただけのこと。ぜひ入れ替えを体感して「スイングの絶対基準」を手に入れ、ボールを確率よく狙いどおりに遠くへ飛ばすスイングをつかんでください。そうすれば、ゴルフがもっと楽しめるようになるはずです。

いまの技術でシングルになるゴルフ超ハーフスイングの法則　もくじ

第2章 「力学」がわかればスイングはこんなにカンタン

第3章　ボールの真芯をとらえる「ハーフスイング練習法」

第4章　力を100%伝える「フルスイング」のつくり方

第5章 「入れ替え」が教えてくれるスイングのツボ

プロデュース　角田柊二（メディアロード）
編集　長沢潤
撮影　相田克己
イラスト　勝山英幸
本文ＤＴＰ　センターメディア
取材協力　栃木カントリークラブ
グリーンパークゴルフセンター

第１章

「入れ替え」が上達の壁を破るカギだった！

上達が遅いのは最初の教え方が原因

「シングル」はアマチュアゴルファーにとってひとつの目標となるでしょうが、シングルレベルのスイングを身につけるには、相当の覚悟を決めて家族を犠牲にし、練習に精進しなければ難しいのではないか。これまでかなりの時間を練習に費やしてきたのに、体力も落ち始めてきた今からそれが可能なのか……。そのように考えている方も多いでしょう。

でも、今まで上達に時間がかかっていたのは、「ゴルフスイングの教え方」が悪かったためだと言い切れます。今までの「教え方」は、初心者にいきなり完成形（フルスイング）を教え込もうとするものでした。それでは「クラブを振って、ボールを狙った方向へ飛ばす」という本来の目的がいつのまにか忘れ去られてしまい、ただ単に「ボールに当てる」ことに終始してしまうのです。これでは、確かに「本来のゴルフスイングの動き」を身につけることは難しくなってしまいます。

書道で言えば、基礎である楷書の練習を飛び越えて、いきなり行書や草書にチャレンジしても、人々から認められるレベルに達することはできないでしょう。普段書いている文字が「ミミズの這ったような」と表現されるような曲がりくねった文字で、それが素人目

「正しい基本」を飛ばして「応用」にチャレンジするのは無謀。また「基本」と思っていても、実はそれが間違ったものであることも多い

に「草書に似ている」と思えたとしても、「だからあなたは、草書から始めればいい」とはならないはずです。

また、ピカソは大胆な構図と色使いの抽象画が代表作として語られますが、その初期には型どおりのデッサンを繰り返し繰り返し描いていたのも同じことです。

基本を十分にマスターすることで、はじめて応用レベルに挑むことができるはず。そしてそこに「個性」をいかんなく表現することもできるようになるのです。ゴルフスイングも、それとまったく同じなのです。

「9時から3時まで」の動きがスイングの〝楷書〟

ゴルフスイングにおいて楷書にあたるのは、スイングを時計盤に当てはめたときの「9時から3時まで」の動きだと言えます。この部分に、ゴルフスイングの最終目標である「ボールを打つ」インパクトの仕組みが凝縮されているからです。

この動きをわかりやすく身につけるための練習が、ハーフスイングです。最近のレッスンでこれが非常に重視されるようになってきたのは、レッスン界の好ましい進化です。それほど、ハーフスイングで学べることは基本中の基本なのです。

　ただし、ハーフスイングが基本をつかむ正しい導入法だとしても、漠然とハーフスイングでボールを打つだけでは「スイングの原理原則」はつかめません。ハーフスイングの練習をしていく中で、非常にシンプルな物理法則が必要になるのです。つまり、この世の中のすべての現象が従っている力学的法則を頭で理解し身体で感じ取ることが、楷書レベルでの目標です。

　その感覚こそが「入れ替え」の動きであり、これを解説し、皆さんに身につけていただくことが、本書のテーマなのです。

　理解してしまえば、ごくごく当たり前のことだと納得していただけるでしょうが、それをわからないようにしてきたのが、これまでの指導法だったともいえます。

「入れ替え」の動きといわれても、まだピンとこない方が多いかもしれません。

「入れ替え？　そんなことを言っている人は誰もいないよ」。ごもっともです。

「プロはそんな動きを意識してないいんじゃないか」。それも間違ってはいません。

　しかし、プロや上級者のスイングでは、「入れ替え」がなされているのもまた事実なのです。彼らは、意識せずにその動きができるようになっているため、今まで言葉にされてこなかっただけなのです。

「意識しなくてもできるようになるなら、そんなことは知らなくてもいい」と思う方もいるかもしれません。確かに、プロになれた人にとっては正しいといえなくもありません。そうした知識をもたなくても、「スイングの楷書的エッセンス」をつかめる能力があったのですから。しかし、いま現在ゴルフがうまくいっていない人、つまり「楷書的エッセンス」を持ち合わせていない人にとってはどうでしょうか。私は多くのアマチュアゴルファーがこの状態にあると考えています。

多くの週末ゴルファーが、使いこなすのが難しいと思っているフェアウェイウッド。あるコースレッスン会で「入れ替え」を説明し、フェアウェイからハーフスイングで打ってもらったところ、皆さんすぐに「カチーン」という金属音を響かせて、気持ちよくまっすぐボールを飛ばせるようになりました。

女性でも100ヤード、ウエイトシフトを使えるようになった男性などは180ヤードくらい飛ばせています。しかも非常にリピータブルで、打った打球が同じエリアに収まるようになっているのです。これは、9時から3時のインパクトゾーンで正しくクラブを動かしてボールを打てるようになったからです。

ところが、「では、その感覚をもとにフルスイングしてみましょう」といった途端、打

ハーフスイングは「基本をつかむための正しいアプローチ」。この動きの中でスイングの原理・原則である「入れ替え」を体得すれば、応用へ進む糸口をつかめる

球音が「ガキッ」とか「ドスン」という音に変わりました。ボールも大きく曲がったり、ダフったり頭を叩いたりで、無惨にもさきほどまでの再現性は一瞬にしてどこかへ行ってしまいました。

これが、フルスイングをいきなりつくろうとする今までのスイングの教え方の弊害です。

ハーフスイングで正しいインパクトに必要なエッセンスを習得し、そこからフルスイングへ発展させる。このように「道筋」も明確で、この先の迷ったときに帰るところとなるスイングの基準点としての楷書を徹底的にやり込んでマスターすることで、行書や草書にチャレンジする土台を身につけられる。私はそう確信しています。

上達を妨げている「振り子」のイメージ

ハーフスイングでつかんでいただきたい「入れ替え」の感覚ですが、これを妨げる原因が「スイングは振り子」というイメージです。「振り子の動きはスイングの常識中の常識。それ以外に何がありうるの？」とお思いになるでしょうか。

一般的な運動能力をもつ成人が振り子のイメージで週に数回の練習を重ねても、正しいゴルフスイングの習得は困難です。それは、世の多くのゴルファーが苦労している実態を考えれば、明らかなのではないでしょうか。

振り子には支点が必要です。そして「支点、軸（身体）が止まっていなければ、クラブヘッドは加速できない」というのが、セオリーのように言われています。しかし、スイング時の動きで生じる遠心力に身体が引っぱられ、体勢はつねにそうした「崩そう」とする力に直面しているのです。つまりクラブを握っているということは、合気道の達人に手を握られているのと同じ状況なのです。

振れば体勢は崩れるのが当たり前なのに、「ヘッドアップした」「身体が動いた」「走れ！下半身強化だ」など、あたかもそこで起きた現象が原因でミスしたかのように指摘されることがしばしばあります。そして「頭を動かすな、ボールをよく見ろ」「身体を動かすな、下半身で踏んばれ」と、実際に起きている物理法則を無視した、合理的とはいえない矯正法が押しつけられることも多くあるはずです。

男性の場合、腕が振り子で脚の踏んばる力や体重が軸のはたらきをする仕組みでも、どうにかボールを打つことはできますが、これこそいわゆる「手打ち」。効率のいいスイングや上達は望めません。女性やシニアの方は、腕の力や体重がないので、振り子システムはそもそも成り立ちません。

力学的にいっても、支点となる一点を止めてもう一点（おもり）を動かす場合、おもりは３６０度、どの方向にも動くことができます。ですから、振り子システムで空間に決められた正しいスイングプレーンに乗せようとするのは、とても難度の高い作業となります。

それに対して、入れ替えに基づいた動きを取り入れると、スイングは飛躍的に容易になります。簡単にいうと、クラブの重さに対抗して自分の身体を反対に動かしてあげるのです。そうすると、一方の端（身体）と、もう一方の端（クラブ）は、お互いがお互いをコントロールし合う関係になります。これはスイングの動きを不自由にするのではなく、理想のインパクトを起こす確率を高めることになるのです。

それが外見上見えないとしても、プロも入れ替えを無意識に使っています。また、入れ替えとは意識していなくても、それに相当する何らかの感覚でスイングしているのです。

スポーツのトッププレーヤーや武道の達人などは、みんな力学を使いこなしています。ボクシングの選手が相手のパンチをかわしつつ、より大きなダメージを与えるカウンターを当てる。サッカー選手が、背の高い選手を並べたカベの上を越えてからゴールに吸い込まれるように、曲がるフリーキックを蹴る。こうしたことも、力学的な事象を使いこなしているのです。

ゴルフで見ても、私の盟友である桑原克典プロが、技巧派で知られる横田真一プロが目の前の木を軽々超える高い球を打つのに驚き、「ボールを上げるためにはどうするのか」と聞いたそうです。そのときの横田プロの答えは「上げるためにはどこかを下げる」というものでした。パッと聞いただけではきょとんとしてしまうような、禅問答のような答えと感じるかもしれませんが、これこそまさに入れ替えです。上げるためには下げることが必要だということを、プロは感覚でつかんでいるのです。

彼らはそれを修練の中でつかんだわけですが、はじめから力学的に正しいコンセプトを元に練習すれば、普通の練習量でもシングルになる道筋が開けてくるのです。

振り子の「支点」を止めておくことは困難

振り子においては「支点」を動かさないことが重視される。しかし、おもりの動きで支点は動かされて、イメージ通りの動きができなくなる

「支点」にかかる力に対抗する動き＝「入れ替え」

クラブを動かせば遠心力が働き、「支点」は引っぱられてしまう。それに対抗する動きを意識的に起こすことで、全体のバランスがとれてスイングが成り立つ

ボールを打つための原理原則はハーフスイングにある

楷書である入れ替えを学んだら、さらにその先の行書、草書と進んでいくことができます。これはトッププロになるための道程であり、例えるなら基本構図のデッサン画から、ピカソやダリといった個性が唯一無二の価値へと昇華されていくのと同じです。

この本では「楷書の技術」を磨けるよう解説していきますが、これも上達への正しい道です。書道でいうところの楷書が、ひとつの芸術に昇華しているのと同じで、ゴルフスイングの場合も入れ替えを磨くだけで、シングルにはなれるのです。つまり「入れ替え」こそが、シングルを目指す上での指針となるのです。

シングルになるのに必要なのは、スイング技術、コースマネジメント、メンタルコントロールなどの多くの要素において、総合的にレベルを上げていくことでしょう。スイング技術が今のままでも、他のレベルを上げれば総合力は高まるはずです。しかしさらに上を目指すとき、「今のまま」で放置したスイング技術が足かせになるのは容易に想像がつきます。ボールを打つ技術を向上させることこそが「ゴルフの上達」であり、それがその後の〝伸びしろ〟を大きく確保することにもつながるのです。

スイング技術の向上といっても、さまざまな技を習得するという意味ではありません。「球を理にかなった技術で打つことを身につけた、ゴルフというスポーツをたしなむうえでの健全な状態」を確保する、といえばいいでしょうか。

そして、コースマネジメントやメンタルコントロールの技術も、ボールを打つ技術が「健全な状態」であってこそ、より効果的に発揮できるといえます。

「クラブを使ってボールを打つ」とはどういうことなのか。プロの迫力あるスイングを見ると、その速さやダイナミックさに惑わされ、はじめから「ボールを打つとは、あのような大きな動きで、力強くクラブを加速させながら振るものだ」と思ってしまいます。でも、「ボールを打つ」原理原則はハーフスイングにあり、入れ替えの原理によって成り立っているのです。プロのダイナミックなフルスイングは、原理原則を磨き上げたうえでの「応用」と「個性」を付け加えた結果なのだということを理解してください。

「ボールを打つとはどういうことか」。その原理原則を身につけて可能になるのは、クラブと身体のもっている機能をうまく引き出すことです。決して型やセンス、運動能力で説明されるものではありません。その機能的な部分をマスターすることができれば、ボールは狙いどおり、効率よく力を飛距離に移し替えて飛ばせるのです。それこそが、シングルに一番近い道ではないでしょうか。

「入れ替え」だけでもシングルになれる

ドライバーを飛ばして、アイアンもいいショットをして、パーオン。そして2パットでパー。それが皆さんの「シングル」のイメージでしょうか。でも、こうしたナイスショットを繰り返すプレーこそがシングルだというのは、まったく現実的ではありません。

「ゴルフはミスのスポーツ」という言葉を聞いたことがあるかと思います。シングルの人も、ナイスショットを繰り返しているわけでは決してありません。そこそこのショットが続けられれば、ミスがあってもも十分パーをとれるのです。ボギーを打ったらシングルではない、ということもありません。

現実的なシングル像を考えてみましょう。ティショットは、180ヤードでもかまわないでしょう。セカンドショットでパーオンしなくても、グリーンの近くにまで達していればいいのです。そして、「入れ替え」の基本的な動きをそのまま生かした30ヤードのアプローチを身につければ、3打でグリーンをとらえることは確実にできるようになります。そこから1パットで入ればパーですが、2パットでもボギーです。

ハーフの9ホール全部でボギーオンできれば、すべて2パットでも45。ですが、9ホールのうち4つが1パットなら41というスコアになります。つまり、18ホールで82。十分シングルレベルのスコアだといえるでしょう。

これがたまたま出せた、というのではシングルではありません。すべて確実にボギーオンさせて、すべて2パットで90。これを「ワーストスコア」と見なすことができるレベル、それがシングルなのです。これ以上悪いスコアは決して打たない「鉄壁のボギーペース」。これを目指すのが、現実的なシングルへの道なのです。

そして、「入れ替え」ができればボールが狙いどおりに飛ばせるようになるため、それはさほど難しいことではなくなります。

普遍的原理を活用するから、誰にでもできる！

これまで間違ったスイングをつくろうと努力されてきた人にとっては、その努力をしてきたぶん、新しいスイングを獲得しようとすると大変な労力がかかる可能性は確かにあります。ですが、これから取り組んでいただくのはスイングのつくり直しではありません。

スイングのつくり直しというと、「新しい振り方に身体とイメージが慣れるまで、ボールに当たらなくなる」と恐れをいだくようです。でも、入れ替えはボールを打つための原理原則なので、当たらなくなることはありえません。だから、「入れ替え」の練習を始めたからといってコースに行くのを我慢する必要もないばかりか、すぐにコースで生かせます。

とくに、「入れ替え」の初期段階で取り組んでいただく30ヤードのアプローチは、スコアをまとめるうえで課題となるグリーン周りからの寄せですぐに確実な結果をもたらし、あなたに自信を与えてくれるはずです。ですから、多少ドライバーやアイアンショットが乱れても、安心して入れ替えの習得に取り組んでいただけるでしょう。

本書は、「シングルになるためのいちばんやさしい教科書」です。それは「トッププロになるための教科書」とはレベルが違います。そして、これだけでも日本アマ出場を目指すレベルまで十分カバーできるものになっています。

たとえるなら、中学英語と大学の英文科の英語の違い。中学英語をある程度マスターしていれば、海外に出てゴルフ場やホテル、レストランで困ることはありません。これぞ、まさに「シングル」レベルでしょう。しかし、大学の英語は全く別次元の世界です。

どうでしょう。入れ替えに取り組んでみようという気持ちになっていただけたでしょうか。それでは、次の章からは入れ替えについて、具体的に説明していきます。

第2章

「力学」がわかればスイングはこんなにカンタン

スイングにもある「作用・反作用」の法則

スイングでは力がはたらいてクラブやボールが動くのですから、私たちが知る物理法則や力学の法則を無視した表現はできないはずです。近年、物理学などの専門家によるゴルフスイングの分析が多数発表され、スイング理論もより科学的になってきたと感じます。それらの分析によって、習得が難しいゴルフスイングという運動を、科学的、合理的に解明することに成功しています。

それによると、ゴルフスイングを説明する際、従来もっとも欠けていたと思われるのが「ニュートン力学の第3法則」、いわゆる作用・反作用のはたらきです。

作用・反作用とは「物体Aが物体Bに力を加えると、必ずBもAに同じ大きさで反対向きの力を返す」というものです。念のために、身近な例で説明しておきましょう。

壁に向いて立ち、手で壁を押すと、壁に押し返されるように感じます。もし、スケートボードのようなものの上に乗っていたとしたら、壁を押したはずなのに壁から離れる方向にスケートボードが動き出します。これが作用・反作用です。

これをスイングに当てはめて、「物体A（ゴルファー）」が「物体B（ゴルフクラブ）」

を動かすために力を加えると、どうなるでしょう？　ゴルファーはクラブから反対向きの力を受けることになります。ですが、「そんな力を感じたことはない」という方がほとんどかもしれません。それは、クラブの重さが一般的な人間の身体の大きさ、重さに対して軽すぎるので、気づけていないだけだといえます。

では、無重力の宇宙空間でゴルフスイングをすることを考えてみましょう。宇宙空間は重力や空気抵抗がないため、物体の運動の性質を単純化できるのです。

アドレスした状態から、クラブをバックスイング方向に動かすことを想像してください。あなたはクラブを動かそうとはたらきかけたわけですから、作用反作用の法則によれば、あなたはクラブから同じ力を受けることになります。すると、どういうことが起こるでしょう。クラブを右に動かしたのに、あなた自身はターゲット方向に動かされるのです。

身体を使って重いものを遠くへ飛ばす

よく言われる「軸を固定する意識」を重視すると、自由でダイナミックな動きができなくなります。一見、軸を固定してその周囲でクラブを振れば、軸とクラブヘッドの距離が一定となって軌道が安定し、インパクトが確実になるようなイメージがあります。さらに、軸を固定しておくことで、いわゆるヘッドが走るイメージもあるでしょう。

しかし、これまで多くのゴルファーが、そのようなあやふやな「偽」物理法則や現象に洗脳されてきたといえます。

バランスボールやイスの上で、脚を浮かせたままのテークバックしてみましょう。すると腕とクラブの重さが右方向に動いたことにより、身体の軸も右方向に傾くので、バランスが崩れてボールから落ちてしまうことがわかると思います。

それを落ちないようにするには、腕とクラブの重さが右方向に動くのに対して、身体の重心を左方向に動かしてバランスを拮抗させる必要があります。この動作ができれば、バランスボールの上に居続けることができるでしょう。

従来のゴルフ理論で説かれた「軸」の意識は、作用・反作用というこの世界を支配する物理法則を無視しています。クラブより重いもの、たとえばイスなどをもって左右に振ってみましょう。これを手だけでもち上げられたとしても、スイングのトップの位置まで上げていくのは大変な労力です。バランスがとれずに身体がのけぞったり、イスの重さに引っぱられてその場で立っていることさえできなくなるかもしれません。

「クラブはそんなに重くないから、そんなことは考えなくてもいい」

本当にそうでしょうか？

たとえば、「身体を使って、重いものを遠くへ飛ばす力をつくる」という意味でイメージしやすいのは、ハンマー投げだと思います。ハンマー投げの選手は、自分の身体を固定した軸として回転をつくっているでしょうか。それでは、回すハンマーの遠心力に身体が耐えられません。軸を保ったまま回転しようとしても、上げられるスピードはたかがしれています。当然、ハンマーを遠くへ飛ばすことなどできません。

選手たちは背中側に全身を傾けることでハンマーの引っぱる力に対抗し、バランスが崩れるのを防ぎます。これが、腕だけでなく全身の力でハンマーを振る体勢。この形ならどんどん回転を加速していけます。

背骨のような軸になるようなものはありませんが、ハンマーが引っぱる力と背中側に傾いて引っぱり合う力がどこかでバランスをとり、そこが中心となって安定した回転をしていられるのです。

「バランスディスク」という、中に空気の入った薄い円盤状の練習器具が注目されています。これを２つ用いてそれぞれに足を置いてスイングするのですが、プロならそんな不安定な状態でも軽々と打つことができます。いわゆる「軸」のあるスイングです。

転ばないように、バランスディスク上でそーっと動いてスイングするアマチュアの方を見かけますが、これでは意味がありません。バランスディスクの上で立つだけなら、軸を意識することも役立つかもしれません。しかし、軸を固定しても、スイング中に動的なバランスを保つ役割は果たしてくれないのです。ここはハンマー投げの選手の動きをイメージして、クラブとの引っぱり合いの中でバランスをとってほしいのです。

はじめは転んでもいいから、思い切って身体を使いクラブを振ってみましょう。その中で、転び落ちない「引っぱり合いの中心」がどこかにあるのを感じることが、バランスディスクを使う意味なのです。

バランスとは、ゼロを保つことではありません。片方がプラス5ならもう一方はマイナス5にする、プラス3になればマイナス3にするということ。そしてそれは、動きの中でつくられるものなのです。

「明治の大砲」は本当に悪いのか

ここまで読んで、「入れ替えの動作とは、いわゆる『明治の大砲』という悪い動きではないか」と思われた方がいるかもしれません。しかし、「明治の大砲」は、まさしく作用・

反作用を言い当てている動きなのです。ボールに対して力を加えたら、身体は同じ大きさでボールから反対の力を受けています。つまり、打ち出したゴルファーの身体は後ろに向かって押されているのです。

世界の空を網羅するジェット機は、飛行方向とは逆にジェット噴射することで、機体は前向きに力を受けて進むという仕組み。現象としては、「明治の大砲」もこれと同じです。

ジェットといえば、今はシニアツアーで活躍する尾崎健夫プロ。お兄さんの尾崎将司プロはジャンボがニックネームです。ともに、当時としては群を抜く大きな飛距離とダイナミックなプレーぶりを航空機にたとえてつけられたネーミングです。彼らのニックネームは好意的にとらえられていたのに、「明治の大砲」は否定される。仕組みとしてみた場合、もし明治の大砲が悪なら安心してジャンボジェット機に乗ることはできません。

こうした言葉の意味の正しい解釈ができていないことが、スイング習得の大きなデメリットになっています。部分的にデフォルメされて、全体像が見えていないこともそう。いろいろな「正しい理論のようなもの」に洗脳されているのです。それを力学的に理にかなっている解釈だけでやり直すこと。これが、シングルへの一番の近道だといえます。

ただし、明治の大砲には、それがいい動きになるか悪い動きになるかの境目があります。

それは後ほど、詳しく説明することにしましょう。

重いものを振って入れ替えを体感する

オケなど少し重いものをもち上げて、左右に振ってみます。オケを右に振るとその重さで身体が右に引っぱられます。これに対抗して、軸が動かないように踏んばってみると、腰痛もちの人などは腰に痛みを感じるのではないでしょうか。そしてイスの遠心力が強くなると、軸は右に倒れてしまいます。これはまさにバランスボールの上で腕を振ったときと同じです。バランスボールの上では「地に足がついていない」ので、腕を振るだけでバランスは崩れました。今度は地に足がついているので立っている状態を維持しようとする力は強くなりますが、オケの重量のぶんだけバランスを崩そうとする力が大きくなったので、やはり倒れてしまうのです。

オケを振ったときに身体が倒れないようバランスをとるには、オケの動きとは反対側に身体を動かします。いわゆるカウンターモーションでのバランスがとれていれば、そのままリズミカルに左右にオケを振り続けられるでしょう。オケの動きに対して身体を反対に動かすこと。これこそが入れ替えの動きです。

上が入れ替えをして重いオケを振っている様子。下が入れ替えせずにオケを振って重さに振り回されている様子。入れ替えをしないスイングでは、クラブの遠心力に振り回されているといってよい

オケを振る動きを少しずつ大きくしていってみましょう。オケの振り幅が小さいときカウンターモーションは小さく、オケの振り幅を大きくするにつれて、身体の入れ替えの動きも大きくします。

さらにオケを大きく振っていきます。

元の場所（スイングでいえばアドレス）からオケをもつ腕が水平になるまで、オケは同じ方向に動いています。ところが、腕が水平の時点を越えて、スイングでいうトップやフィニッシュの形をつくろうとすると、オケの動きの向きは逆転します。オケの重さに対してバランスをとろうとすると、腕が水平に上がるまではオケは右向き、身体は左向きに動きます。ところが、水平からさらに上がるとオケの動きは左向きになり、身体は右に向かって動きます。

この動きができれば、その時点で身体はオケの下に入るため、オケの重さを支える形がつくれます。また、単純往復でオケを振っていた時に身体を回転させようとは思っていなかったでしょうが、オケをかつぎ上げる過程で左右に動かされることで、自然に肩が回った形になっていると思います。

どうでしょう？　これはスイングの形と同じではないでしょうか。

アドレス（①）から腕が水平になる（②）まではオケが右へ動くのに対し、身体で左へ引っぱる動きが必要。そこからさらに腕を上げていくと、オケは左に動き、それに対して身体は右に動いてオケの下に入る（③④）。そこから身体が左に動くことでオケが下りてきて、アドレス（⑥）をすぎると左へ動くオケに遠心力がはたらくため、身体は右に戻してバランスをとる（⑦⑧）。再び腕が水平より上に進むとオケは右方向へ動くのに対し、身体は左へ動いてオケの下に入る

身体の動きを地球儀で考える

では次に、オケの動きと身体の動きの向きの入れ替えについて、地球儀を使って考えてみましょう。アドレスを正面から見た状態で、人の身体を中心に円を描きます。アタマの上が北極で、足元が南極。右側、つまりバックスイング方向の身体からいちばん遠い点が西の極（時計盤で9時の位置）、フォロースルー側が東の極（3時の位置）となります。

南極（アドレスの位置）からテークバックしていくと、オケは西の極へと向かい、身体は東の極方向にカウンターバランスを作りにいきます。西の極（ハーフスイングのトップ）からオケをかつぎ上げる時点で、オケは東へ向かいながら北上し北極へ、身体は西の極へ向かって動きます。これが、テークバックの始動からトップへの展開です。

トップから切り返しに入ると、身体はいわゆる体重移動で東の極へ向かいます。それと同時にクラブは北極から西の極に向かって降りてきて、ハーフウェイダウンといわれるポジションをとります。そこからクラブはインパクトゾーン（南半球）に突入し、一気に東の極へ向かいます。そのときに身体は東の極から西の極へ入れ替えの動作が起こります。

そしてフォロースルーで東の極にたどり着いたクラブは、また西に戻りながら北上してフィニッシュへと向かいます。そのとき西の極でフォロースルーを見送っていた身体は一気に東の極へ向かい、左足の上で軸を立てたフィニッシュになります。

この動きの中で南半球だけの動きを抽出すると、スイングとしてはハーフスイングになりますが、これが入れ替えの基本的な要素である「左右の入れ替え」で説明できます。

もちろん、北半球から南半球へ戻ってくるとき（スイングでいえばダウンスイングのとき）も、逆転は起こります。赤道を中心にした北向きと南向きの動きの関係は、あとで解説する上下の入れ替えにも深く関連しています。

入れ替えはリズミカルに繰り返せる動き

クラブをもってボールを打つ前にもうひとつ、入れ替えの動きの本質を身体で体得しておきましょう。

ゴルフボールを1個、お手玉のように軽く放り上げて、リズミカルに左右を往復させます。左手にボールが渡ったときは、おヘソ（身体の重心）は右。右手に渡ったときには、おヘソは左に入れ替えます。つまり、おヘソとボールは常に逆に動き、イタチごっこを永遠に続けることになります。

次に、目のはたらきを加えてみましょう。左手にもっていたボールを放り上げて、右手で受け止めます。目はボールを追って左から右。でも、おへソは逆に左へと向かいます。今度は目線とおへソがイタチごっこです。仕組みとしてはカウンターモーションの連続なので、リズミカルに滞ることなくこの動きを繰り返せると思います。

ところがボールの動きを目で追いかけながら、身体も同じ方向に追いかけてしまう、つまり左から右へボールをトスしたときに、おへソも目も右に来てしまうと、ボールを受け止めたところで動きが滞る感覚がわかるでしょうか。

ここから再び逆へ放り上げるのは、ちょっとした労力が必要。すべてのベクトルを反転させなければならないので、「どっこいしょ」とでも言って仕切り直さなければならないくらい動きがとぎれてしまうのです。

ゴルフスイングもこれと同じです。クラブもおへソも頭も一緒にテークバック方向へ動くと、そこで動きが滞る感覚があります。フリーズしているのです。スイングの場合、おへソはクラブと一体となって動き、反対に動くのは頭で、それをガイドするのが目線です。両者が同時に反対側に入れ替わることで、次のタイミングでスムーズに反対に再度入れ替われる、というイメージをもってください。もう一度、バランスボールに乗ってクラブを

左右の入れ替え体感ドリル

ゴルフボールと身体の位置を入れ替えるようにして、「右・左・右・左…」とゴルフボールを行ったり来たりさせる。この動きで、左右の入れ替えを体感できる

左右に振ると、それがよくわかると思います。

振り子の支点をずらせば入れ替えになる

そうはいっても、「スイングはやっぱり振り子だ」という考えが払拭できない方がいらっしゃるかもしれません。クラブをグリップエンドのところでつまんで、ヘッドを振り子のように振っているイメージが「スイングそのもの」だと思えるのも無理はありません。

では、つまんでいる箇所を少し下げて、グリップの先端にしてみたらどうでしょう。すると、今度はそこが支点になっていて、そこから下だけを見るとまさしく振り子と同じ。でも全体でみると、グリップエンドとヘッドが支点をまたいで入れ替わっているのです。

つまんでいる箇所をもっと下げて、クラブの真ん中にしてみるとどうでしょう。支点より上の動きと、下の動きは1対1で入れ替わることになり、動きの仕組みとしてはシンプルでイメージしやすいものになると思います。スイングでは回転半径が1対1になるということはないので、動的な力の大きさとしてバランスが1対1になればいいのです。それは、ヘッドにはたらく遠心力も含めた引っぱる力と、身体でそれに対抗する力が拮抗するという意味です。

このイメージで入れ替えの動きを行うと、ちょうど胸のあたりに中心を感じることができるでしょう。ただしここで誤解しないでいただきたいのは、最初から中心を決めるのではなく、ダイナミックな入れ替え動作を行うのが何より重要だということ。動けるからその中心や軸なので、ダイナミックに動けない人にとっての中心や軸は、私には墓標のように見えてしまいます。

入れ替えの動きを行う前に、「真ん中をつままれたクラブ」が自分であるとイメージしてください。アドレスしているクラブのグリップエンドが孫悟空の如意棒のように伸びて、おなかを貫通し、背中側へクラブ一本分突き出しているとします。背中から突き出した部分はレバーです。これを使って、誰か背中側にいる人がスイングをコントロールしてくれるというイメージ。これもやはり、テークバックでレバーはクラブと反対方向に動くことになり、入れ替えの動きになるのです。

第３章

ボールの真芯をとらえる「ハーフスイング練習法」

自分のエネルギーをボールに与える感覚

では、ここからはスイングにおける入れ替えを体感し、身につけていくための説明です。最初からアイアンやウッドを使うと「ボールに当てよう」という意識がはたらいてしまい、これまでの練習で培った「スイングの動き」が出てしまいがち。そこで、はじめはパターを使いましょう。

パターのストロークでも、入れ替えは起こっています。しかし、入れ替えのない動きでもストロークはもちろんできます。いわゆる「振り子イメージ」の動きですね。両肩と腕で三角形や五角形をつくり、頭や首のつけ根を支点として動かさず、肩から先の三角形、五角形だけを動かしてボールを打ちます。イメージ的には、支点さえ動かさなければ安定したストロークができるはずです。よくこれを模したスイングロボットのようなものを使い、固定支点による振り子ストロークの優位性を説くインストラクターを見かけます。

しかし人間の身体ではストローク時の腕とクラブの重さのモーメントをロボットのように受け止めることができないため、軌道は狂ってしまいラインに打ち出せず、しかも芯から外れてインパクトをしてしまうので、方向性も距離感も出ません。このミスの原因は、作用・反作用を考えれば当たり前のことだといえます。つまり、私たちはストロークしようとパターを動かしていますが、同時にパターも私たちを「動かそう」としているのです。その力に対抗して「動かされまい」という心づもりをもっている人は少ないでしょうから、それでは動かされて当然といえるでしょう。「それならば」と、動かされないよう踏んばって、ガチガチに身体を固めようものなら、「力むとタッチが出ないから、自然体で構える」なんて、トッププロがゴルフ雑誌のレッスン記事で言っています。まさに袋小路です。

そこで、入れ替えです。クラブから受ける力を想定して、自分から動いてしまえばいいのです。

バックスイングで腕とクラブを右に動かすとき（テークバックのとき）、頭は左に動かします。そしてダウンスイングで腕とクラブを左に動かしていくとき、今度は、頭は右に動かします。

クラブヘッドと自分の頭を、ボールの位置を基準として左右逆方向に入れ替えるのです。

ここで大事なのは、手を使わないということ。腕と身体で三角形、または五角形をつくるのはいいでしょう。その形を保つために、腕を身体の両側で固定した状態で入れ替えることが大切です。これができれば、インパクトで芯を外さなくなります。手首を使わないのでフェースの向きも狂わず、転がそうと思った方向にしっかりと打ち出せるようになるのです。

「これじゃ、軸がないじゃないか」と思われるかもしれません。背骨や両肩の真ん中など、具体的な身体の部位で軸を何となく意識するこれまでのスイングイメージからすると、そういう思いにとらわれるのは理解できます。でも、その思いはいましばらく忘れていてください。「軸がない」感覚でも、打球は安定して狙いどおりに転がっているはずですから。

カッコ悪いとか、ヘタそうに見えるんじゃないかと恥ずかしがらず、思い切って、この水中でゆらぐ海草のような動きを大げさに試してみてください。どうしても「軸中心に動こうとする感覚」の方を信じるのであれば、一度ドラム缶でコンクリート固めにでもして練習することをオススメします。高層ビルや高架の道路なら、強靭で鋼鉄のような軸が必要ですが、これでは軸は安定するでしょうがクラブをスムーズに振ることはできません。動くなら、海草のイメージのほうがずっとスムーズ。でもそれでは軸がないと思われるかもしれませんが、海中で揺らぐ海草にも動きの軸は見いだすことができるのです。

入れ替えにおいてもちたいのは、インパクトで負けないエネルギーをヘッドにもたせ、ボールをはじくイメージ。いちばん短い、飛ばすのに不利なパターというクラブで、最大

振り子の動き

振り子においては「支点」を動かさないことが重視される。しかし、おもりの動きで支点は動かされて、イメージ通りの動きができなくなる

入れ替えの動き

パターヘッドと自分の頭を入れ替えている。それによってヘッドの軌道は安定し、なおかつボールにエネルギーをロスなく伝えることができる

限の距離を出すつもりで打ってください。エネルギーの入れ替えともいえる、ヘッドを動かしてつくったエネルギーをすべてボールに伝えきる感覚を体感していただきたいのです。

強くインパクトするには、振り幅を大きくしたいところですが、三角形、五角形を崩さず手首も使わないとなると、それにも限界があることがすぐにわかると思います。でも、頭とヘッドの入れ替えでインパクトが安定すると、力の入れ替えの効率が非常によくなり、強く打てるようになるのを感じると思います。

そこで大切なのは、当たり負けないこと。それにはボディ剛性を高くするというコンセプトで、腕を固く使うイメージをもってください。強くインパクトしても、パターが当たり負け、つまりボールに当たった衝撃でヘッドが後ずさりするようでは、エネルギーの入れ替えにロスが生じるからです。

ストロークするつもりでパターをグリップし、ヘッドを水平に上げてみましょう。この状態で、誰かにボールでフェースを叩いてもらうのです。そこで当たり負けてヘッドがぷらーんと後方に動き、両腕の三角形、五角形まで崩れているのは、ダメなパターン。これは入れ替えにおけるインパクト効率が低くなる状態です。

そこで、腕を固く使いますが、はじめは腕だけでなく全身を固く使う感覚をもつくらい

身体で作り出すエネルギーをロスなくヘッドに伝えて打球に力を与えるには、腕から先が「固まり（ユニット）」となっていることが必須条件

のほうが体感できます。しっかり立ち、脇を締めて体幹にも力を入れ、なおかつ腕、手の力を使ってパターを支えてみましょう。その状態なら、ボールで叩かれて瞬間的にヘッドが後ろに動くことはあっても、次の瞬間には反動で元の位置に戻ってくるはずです。

それができてこそ、パターで最大の距離を出す感覚がつかめてきます。

「パターで飛距離は必要ない」と思われるかもしれませんが、エネルギーのロスがないストロークができると、小さいストローク幅で長い距離が打てるので、方向性や距離感がよくなります。よく20メートルを超えるような超ロングパットで振りが大きすぎてミートできず、最悪空振りのような結果になる様を目にします。

最初は足から体幹、脇から腕、手首に至るまで、相当の力を入れて、当たり負けを防ごうとする必要があるかもしれません。でも入れ替えの基本となる、クラブ、腕、身体をひとかたまりにすることができれば、肩がこるほど全身に力を入れなくてもすむようになってきます。少なくともグリップはソフトに支えている程度の感覚でも、先ほど体感した「腕を固く使う」感覚を再現できるでしょう。

先ほど説明した「両ヒジのところでつままれて振られる」や「グリップエンドの延長が背中の後ろに貫通し、レバーになっている」イメージで、動かされるようにスイングをつくるとしたら、この「身体の固さ」は必須条件となります。身体とクラブの動きにゆるみがないことで、インパクトは確実になるはずです。

さあ、ここであなたがつかんだもの。それが、左右の入れ替えの基本的な原理です。これがあなたのスイングを変えていくでしょう。

この「入れ替えのパターーストローク」は、スタート前に練習場でのウォーミングアップをする時間的な余裕のないときなどに有効です。パッティンググリーンで、グリーンの端から端に打つくらいのロングパットを10数回繰り返すことで、ショットに必要な「入れ替え」を主とした身体の使い方を再確認しつつ、体を温めることができるからです。冬などは特におすすめなので、覚えておいてください。

「大↓小」の入れ替えを体感する

次はクラブをもって同時にお腹にヘッドカバーの裾を入れ、ベルトの上からヘッドカバーのアタマを少し出しておきます。両腕はクラブをもって固く使う感覚を思い出してください。そして、バックスイングではお腹のヘッドカバーを大きく動かすよう意識します。クラブでハーフスイングをつくるには、お腹のヘッドカバーが飛球線後方を向くまで身体を動かさなければなりません。フィニッシュでは、これが目標を向くまで動かしていきます。

もちろん、ヘッドカバーとクラブを右に動かすときにはカウンターモーションを入れて、自分の頭を左に残します。ハーフスイングでも、パターのストロークとは比較にならないほど大きな遠心力がはたらきます。こうしたクラブの動きと、動くことによって生まれる大きな力も含めての全体的なバランスを考慮すれば、遠心力などの大きな力に影響を受けず、動きの中でのダイナミックなバランスが機能し始めるのです。

ここでのイメージは、身体の動きが大でクラブの動きが小。身体はおヘソが目標の反対を指すところから、目標を向くまでの180度動かしました。骨盤の平行移動も加わっています。それに対して、クラブはずっとおヘソの前。つまり身体に対してはほとんど動かしていない感じです。

どうでしょう。今までのスイングイメージは、身体を軸として固定したまま、左右に捻転し、その捻転に対してさらに大きく腕とクラブを振ってスイングをつくる、というもの。つまり、身体の動きが小でクラブの動きが大だったのですから、まったく逆。

スイングというモーションの中での入れ替えだけではなく、こうした「頭の中（考え方）の入れ替え」も大切になってくるので、頭の中のデスクトップに新しいフォルダを作って整理収納しながら、あなたの身体に働きかけてください。

身体の動きが大で、クラブの動きが小

おヘソを動かした分だけクラブも動く。手でクラブをもっているとすると、まさしく「手は使っていない」状態

クラブの動きが大で、身体の動きが小

おヘソは正面を向いたまま、クラブだけが動いている状態。いわゆる、身体が止まって手だけでクラブを振っている

入れ替えを感じるためのドリル

実際にボールを打つ前に、入れ替えについてさらに身体で感じ取っていただくためのドリルを紹介します。

正確性と飛距離というふたつの要素。ひとつをとればもうひとつが犠牲になるといわれますが、実は入れ替えで両立できるのです。それを体感してみましょう。

練習場にあるカゴに30個くらいボールを入れて、飛球線の後方に置いてください。それを手にもったクラブのヘッドで引っかけ、まず準備をします。引っかけたら身体のポジションを左の極に移動します。これはトップから切り返しの動作と同じです。このとき、身体は3時の位置で、カゴは9時の位置にいるという関係です。

そこから身体を9時の位置に戻す動きでカゴを3時の位置へと押し出します。つまり、身体がターゲットと反対方向に動く力で、ボールを打つためのエネルギーを引き出すのです。東西の極の入れ替えこそ、スイングの入れ替え動作なのです。

①

ボールの入ったカゴにヘッドを引っかけて引っぱる。カゴを動かそうとする方向とは逆に身体を動かしている

②

カゴを動かそうとする方向に身体が動いてしまうと、カゴを前に送り出す力にはならない

全身で大きなエネルギーを作り、それを無駄なくインパクトでボールに伝えたい。そのイメージ作りのために、インパクトの形で「押す」。腰が回って引けたり、手が遅れてヘッドだけ間に合わせようとしても、力のロスが大きくなる

○

×

×

腰は「船底型」に動かして使う

入れ替えでボールを打つ感覚をパッティングストロークの中でつかめたら、クラブでスイングする前に、アドレスの感覚と腰の使い方を学んでおきましょう。これまでのイメージでは、「腰は回すもの」とインプットされているかもしれませんが、回そうとしている限り、入れ替えがスムーズにできないし、全身の力を目標方向に使うことができなくなります。

足を肩幅に開き、ボールをスタンスの真ん中に1個、そして両肩の前に1個ずつ置いてください。はじめの状態（アドレス）で、おヘソと頭はどちらも真ん中のボールの上にあります。

バックスイングでは、おヘソを右足前のボールの上まで動かします。入れ替える頭は、左足前のボールと真ん中のボールの間をのぞき込んでください。

ダウンスイングでは、今度はおヘソは左足前のボールの上まで動かします。頭は入れ替えて、右足前のボールと真ん中のボールの中間をのぞき込みます。

おヘソの動きは飛球線と平行で、直線的に動かします。それによって、体重を動かして

手を使わないとなると、身体の使い方の重要度が大きくなる。3本の軸の意識で、スタンス中央の軸に対しておヘソと頭の動く方向が常に逆となり、入れ替わる

つくり出すエネルギーを、無駄なくまっすぐボールをターゲットに飛ばす力に変換できます。

このドリルをする際には、骨盤の動きを感じ取ってください。

骨盤は水平に回転するのではありませんし、おへソの動きにつられて、水平移動しているのでもないのです。私はこの動きを、船底型と表現しています。遊園地によくある「バイキング」のような動きです。

バックスイングでおへソが真ん中から右足の上にくるとき、骨盤は体幹の中心から右にズレると同時に、右が高く、左が低くなっています。ダウンスイングでは逆。この動きの感覚が身体に備わってくると、下半身でつくり出したエネルギーが上半身に伝わらない、いわゆる腰が引けることもなくなります。腰が引けた状態では、オケなどを振っても、もち上げられないでしょう。

このドリルにおいて、「身体を回す」イメージはまったくないと思いますが、そういう意識が、スイング中の正しい身体の動きをつくるといえます。

腰は水平回転するのではなく、中心からずれながら、左右の高さが変わるように動いて、入れ替えの動きを促す。これが「船底型」の動き

ウエッジのハーフスイングで「30ヤード」を自分の庭にする

それではボールを打つ段階に入りましょう。最初はウエッジを使います。でも、まだフルスイングはしません。42ページで説明した、地球儀における南半球の動き、いわゆるハーフスイングに限定します。これは、実際にボールを打った「パターでの入れ替え」で、そのままクラブをもち替えるだけ。先ほどの動きをそのまま当てはめることで、30ヤードのアプローチが完成します。

パターの時と同じように、腕は固く使って手首の動きは使いません。おヘソのところにグリップエンドが刺さっているイメージでやってみましょう。その「傷口」を広げないように、おなかとクラブを一緒に動かさなければなりません。腕を固く使わず、身体に対して「手でクラブを上げる」状態だと、グリップエンドがおなかをかき切ってしまいます。

フェアウェイウッドなどの長いクラブを、グリップエンドがおヘソにつくように構えて振ってもいいでしょう。こうすると手を振ることができないので、クラブを動かすには、おヘソを動かすしかありません。おヘソを動かした分以上に、クラブの振り幅を大きくすることはできないのです。

クラブが水平から始まり水平に到達するまで。手を固く使ってハーフスイングをつくるには、おなかがこれほど大きく動かなければならない

サンドウエッジで水平から水平のハーフスイング。30ヤードは、これを使って「自分の庭」のように確実に寄せられる

「手打ち」というのは、ボールを飛ばすエネルギーを腕や手の力に求めている状態。こうなるとフェースやプレーンの管理は難しく、女性など筋力のない人はボールが飛ばせません。逆に身体でクラブが動かせるようになると、腕や手の役割がスイング中のフェースコントロールなど、「制御系」になってきます。

ボールを飛ばすためのエネルギーはあくまで身体の動き。腕や手は小さな動きにして、包丁を扱うくらいのコントロール性がほしいものです。

これを週に一回でも練習すると、3カ月後には、10球打てば7、8球は30ヤードの距離をワンピン程度に集められるくらい精度が高まります。まさしく、30ヤードを「自分の庭」にしてしまうこと。「自分の庭」なら、どんな状況でも「寄せワン」がとれる自信が植えつけられます。これが鉄壁のボギーペースに役立つのはおわかりでしょう。

7番アイアンのハーフスイングで100ヤード飛ばす

ハーフスイングの次の段階では、7番アイアンを使います。ハーフスイングを定義すると、「テークバックで左腕が地面と水平、フォロースルーで右腕が地面と水平なスイング」となります。この両腕が地面と水平になる線は、ターゲットラインと平行になり、みぞおちのあたりの高さが目標となります。

このハーフスイングで男性は１００ヤード、女性は60ヤード以上ボールを飛ばせるようになるのが目標です。ここで注意したいのは、いわゆるパンチショットのようにインパクト直後にクラブを止めたたきつける打ち方にならないようにすること。また、腕を振った「スピード感」やインパクトの強さで飛ばそうとしてはいけません。ここで思い出していただきたいのが「手を最小、身体を最大」に使うことです。多くの場合、「手が最大、身体が最小」となっています。

７番アイアンでのハーフスイングでは、徐々にボールを遠くへ飛ばすためのエッセンスもつかめてきます。といっても、クラブを振る大きさはハーフスイングのまま。ですが、身体の動きの量を大きくすることはできるのです。

パターで体得した左右の入れ替えの動きに、いわゆる体重移動の要素を加えて、よりダイナミックに左右の入れ替えをつくっていきます。そして、ここに、入れ替えと「ぎったん・ばっこん（明治の大砲）」との違いが明確に現れます。

「ぎったん・ばっこん」は、バックスイングでヘッドを右に動かして頭を左に入れ替える際、体重まで左に動いてしまった状態。ダウンスイングでは頭を右に残してヘッドを左にスルーするときに、体重が右に残った状態になる形です。つまり体重移動の方向が「逆」なのです。身体の重心をおヘソにして考えるなら、頭とおヘソが入れ替わるのが正しいカウンターモーション。頭とおヘソが同じ方向に動いてしまうのが「ギッタン・バッコン」、もしくは「スウェー」になります。

身体の動く方向、すなわち身体でつくり出す力の方向を、ボールを飛ばす方向にするとは、トップで右に乗せた体重を、ダウンスイングで左に移していくことにほかなりません。トップをつくったらまず身体を左足の上に移動させ、インパクトの準備をします。クラブがダウンスイングを始めてボールへ向かうタイミングをとらえ、頭を右に入れ替えます。それによってヘッドは一気に走っていきます。入れ替えによる力と、体重移動の力が合算されることで、インパクトが強くなるのを感じられるでしょう。大振りしたり、腕などで力を使う感覚を出すことが、強いインパクトにつながるわけでは決してないのです。

ここでは身体の動きを大きくすることを考えていますが、それでも腰を回す意識はまだ必要ありません。体重移動の力をボールを飛ばす方向に合致させるのに、回す意識がマイナスにはたらくことのほうが大きいからです。

左の写真のように、アドレスで左足のすぐ横にキャディバッグを置いて構えてみましょ

バックスイングで右に乗るのは助走。弓を引く感じでエネルギーをため、その力を一気に戻してぶつけにいく

骨盤をぶつけるスピードとキレを高めることを意識し、力を100%ボールに伝える感覚をつかむ

７番アイアンでのハーフスイング。入れ替えで作るエネルギーと体重移動で生み出すエネルギーをそろえて、インパクトの強さを増す

う。ダウンスイングで左足の太ももは、アドレスの位置より太もも一本分左に移動させるつもりで、骨盤をキャディバッグにドンとぶつけてください。この「ドン」とインパクトの「バチン」のタイミングを合わせられれば、ハーフスイングでも飛距離はグングン伸びていきます。

トップからダウンスイングにかけての切り返し動作の第一段階は、右から左への重心移動、つまり「シフト」なのです。「スイング軸の固定」などはもう意識しなくていいことはおわかりでしょう。積極的に重心移動してください。

大きな動きでダウンスイングを始めることができたら、インパクトゾーンでクラブに強

ハーフスイングでの腰はズレる動きだけ

「腰の動き」を横から見たところ。腰はズレるだけで回っていない

腰を回すと「引け」の動きになりやすい

腰を回すと、身体で作るエネルギーをボールを飛ばしたい方向に合わせづらい

い力で引っぱられるのを感じると思います。クラブを放り投げるくらいのイメージで振り出すことで、クラブが身体を引っぱる力は大きくなります。スイングスピードが速くなればなるほど、これが大きくなっていくのです。

クラブが身体を引っぱる力の大きさを感じたら、クラブにぶら下がるくらいのイメージをもってみましょう。自分の身体をすべて預けてぶら下がる感覚がもてれば、遠心力が大きくなってもバランスはとれます。

インパクト以降、上体を右側にリバースする意識はあっても、身体自体は左足の上から右に戻ったりはしません。頭の入れ替え動作と、クラブの走りが生んだ大きな遠心力との引っぱり合いが、左足の上でバランスをとるからです。入れ替え動作をするからこそ、全身が大きく回りきって左足一本ですっくと立つ、理想のフィニッシュがとれるのです。

大胆に動いてボールにエネルギーをぶつける

スイングは両足が地面についた状態で始まり、スイング中に大胆なフットワークを使っても、両足の位置はほぼ変わりません。トップから左足を踏み込む一本足打法によりドラコン競技で名を上げたプロもいましたが、野球のピッチャーのように大きく踏み込んで投

思い切り大きく動こうとしても、脚を浮かさないかぎりこれが限度。だが、この限度いっぱいに動ければ潜在的なパワーも大きい

げる、助走をつけて打つなどということはしないのです。土台となるスタンス幅から出ることはありません。ですが、そのわずかな幅の中で思い切って動くことで、大きな力が生まれるのを感じてください。

飛距離を出すために身体の動きを大きくすることを考える、というのが7番アイアンでのハーフスイングのテーマでした。「不動の下半身がスイングの安定とパワーを生む」というような考えもありますが、下半身の動きはもっと能動的。積極的に使って、せっかくの「大きな筋肉」の潜在能力を活かしきることを考えたほうがいいでしょう。

しかし、下半身の動き（フットワーク）は、スイングのエンジンそのものではなく、スイングのエネルギー源となる重心移動を生むための補助的な役割と解釈してください。フットワークを正しく使う→重心がよどみなく移動する→運動エネルギーが発生する、という意味であり、脚の筋力がボールを直接飛ばすわけではないのです。

「時間差、タメ」をつくらず全身をシンクロさせる

ハーフスイングでは、スイングリズムを「イチ・ニッ・サン」の3拍子で練習します。厳密には「イチ」はアドレスから動き始める「はじめの合図」的なタイミングでの発声ですから、スイング自体は「ニッ（トップ）・サン（フィニッシュ）」の2拍子になります。

スイングの動きというのは、身体の各部の動きにタイミングの差が出るように見えます。ダウンスイングでは下半身が先に動き出してリードし、上半身はそれより遅れて動き出してついて行くという、「タメ」や「ねじれ」を説く理論が多くありますが、最新のスイング理論ではもっとワンピースな動きをイメージすることが多くなってきています。

ワンピースな動きとは、足、ヒザ、腰、肩、腕、クラブなどがすべて一体になった「ユニット」を動かす感覚です。言いかえれば、シンクロ感、同調感という言葉で表されます。

腕を固く使うのも、実際には腕だけを硬くするのではなく、全身と腕のつながりにゆる

みをなくして動きにブレや時差をなくすのが目的なので、ほぼ同じ意味を表現しているともいえます。

シンクロさせるには、足、ヒザ、腰などを個別に動かすのではなく、「ユニット」として固めます。全身を同じタイミングで動かさなければ、スイングはうまくいきません。

アドレス、トップ、そしてフィニッシュのスイングフォームの鋳型があることをイメージし、アドレスからトップ、トップからフィニッシュへ、鋳型から鋳型に収まるように、動くのです。

または、アドレスのポーズでカシャッと写真を1枚撮ったら、トップのポーズでまた1枚、そしてフィニッシュのポーズをつくってまた1枚。3つのポーズを連続で行います。「打つ」「振る」のではなく、ポージングを行うのです。その中間の「ポーズとポーズの間」の写真は必要ありません。そんな無用な写真を撮っていたのでは、フィニッシュまで到達するのに時間がかかってしまいます。

鋳型へはヘッドまで含めて全身がすべて同じタイミングで、どれかが遅れることなくピタッとはまることが大切です。「下半身が先に動き出して、上半身はタメをつくってあとから動き出す」などと考えていては、実行できるはずがありません。

「イチ」でアドレス、「ニ」でトップ、「サン」でフィニッシュ。それぞれの形から形へ、同じタイミングで全身が「鋳型にはまる」イメージで

「イチ、ニ、サン」のポーズの間の形をつくろうとすると、それが振り遅れの原因になりやすい

スイング中、足首の動きはおおむね約10センチ、ヒザの動きは約30センチ、腰の動きは約60センチ、肩の動きは1メートル、そしてヘッドの動きは4メートル以上といわれ、それぞれの動く距離には大きな差があります。それぞれがスピードを調節することで、鋳型から鋳型へピタリと収まるリズムで動くイメージ。これがワンピースな状態であり、一調子（ひとちょうし）の動きと呼ばれるものです。

といっても、結果的にはタメやねじれは発生します。〝結果的に〟というのが実態であり、これらを意図的につくろうとすると、クラブが遅れてイメージどおりのスイングができなくなります。

身体の各部のつながりにゆるみのない状態をつくっておけば、スイングの動きを意図的に遅くする必要はありません。無駄な写真を撮らず、さっさと3つのポーズを決めて3枚撮りきるだけ。「ゆっくりリズム」がフィットするのは、身体のゆるみが動きに無駄をつくるからだと考えるほうが、スイングの質が高まるでしょう。

5番ウッドでもハーフスイングの軌道を超えない

7番アイアンで飛距離を出す動きが身についてきたら、ハーフスイングの最終段階として、フェアウェイウッド（以下ＦＷ）でのハーフスイングに取り組んでみましょう。使用するクラブは、５番もしくは7番ウッドなど、ロフトの多いものがいいでしょう。

　ここまでのハーフスイングで効率のいい動きやインパクトが学べていれば、ＦＷでも十分な距離を出すことができます。ＦＷの場合、シャフトが長くなるのでヘッドスピードは自然と上がります。ですがその分クラブが暴れやすくなるため、クラブや身体の正しい動きができていないとボールはとらえきれません。

　いきなり遠くへ飛ばそうとすると落とし穴に陥ります。５Ｗのような飛距離の出るクラブであっても、はじめは基本である30ヤードのアプローチのつもりで振ればいいのです。実際に30ヤードの看板を狙うところからスタートしましょう。クラブが長くなっても、手を使わない感覚のまましっかりミートできることを確認してから、少しずつ身体の動きを大きくすることで距離を伸ばしていきます。

　いきなり「ＦＷなりの距離を打たねば」という意識で行うと、今まで築き上げてきたハーフスイングではなく「フルスイングもどき」になってしまうので注意してください。

　入れ替えの動きでクラブをコントロールし、ヘッドの芯でボールをとらえ、乾いた打球音でボールがはじければ、ハーフスイングは合格です。シャフトが長い分しなりではじい

フェアウェイウッドを用いたハーフスイング。クラブをもち替えただけで、ほかは何も変えていない

入れ替えを使うスイングでは、クラブの長さに影響されず、どのクラブも同じ動きと感覚で打ちこなせる。そして、ウエッジ、7I、5Wのハーフスイングを磨くと、ゴルフのレベルが一気に上がる

てくれるので、低いライナー弾道で男性なら5Wで150ヤード。女性でも100ヤードは飛距離が出せると思います。

ここまで説明してきたハーフスイングは、前に説明した地球儀の南半球での半円です。スイング用語としてなじみのある言い方をすれば、ほぼ「インパクトゾーン」に相当します。ハーフスイングではまだリストコックを使わないので、クラブの動く範囲はこの南半球からハミ出しません。つまり、ハーフスイングといってもショートアイアンでのコントロールショットのようなものではなく、「インパクトゾーンからハミ出ないノーコックスイング」なのです。

「引っぱる力」と「押し合う力」を両立する

ハーフスイングをマスターしてコックへの展開へと進む前に、理解しておいていただきたいことがあります。

身体でクラブを動かし、そこで発生する遠心力に対して、頭を入れ替えることでお互いに引っぱり合ってバランスをとりました。クラブと頭は「引っぱり合い」の関係です。さらに、そこに「押し合い」のイメージを追加するのです。この「押し」がボールにさらなる力を与え、飛距離を伸ばすことにつながります。

「引っぱり合い」と「押し合い」を同時につくり出す。一見矛盾するようですが、これは可能なのです。

「引っぱる体勢」をつくり出すには、ハーフスイングのトップとフィニッシュでクラブを誰かに引っぱってもらったり、クラブヘッドを柱などに引っかけて身体を後ろに倒すようにクラブにぶら下がります。ここで、身体の後ろ側ではヒップを締め、前では骨盤を開くように意識し、おなかを前に出してみましょう。ここでおしりを引いてクラブを引っぱるのでは、「引っぱり合い」と「押し合い」を両立させることができなくなります。

体重をクラブに預けるように、上半身を後ろに倒し込むことで、スイングした時の大きな遠心力に対してもバランスを失うことなく、均衡がとれます。

そして、その体勢のまま、「押し合い」をつくってみましょう。

「押し」のないスイングとは、ひじが引けることや、全身が縮んだ状態で振ったり、腰が引けたり砕けたりした体勢で振るアマチュアゴルファーのほとんどが陥っている悪しき症例です。最近は練習場でスイング写真を撮って販売するようなサービスがありますが、このとき自らのスイング写真を見て「左ひじが曲がっている…」なんて嘆いた覚えがあるのではないでしょうか。

「押し」を生むには、まず押せる体勢をつくります。ダウンスイングでは重心を左に乗せ、頭は右に動かして入れ替えています。この時に重心が少しでも右に残っていると、押す体勢はできません。押す体勢をつくるには、まず重心が左股関節の上に完全に移動していることが必要です。「股関節に乗る」とも表現される動きです。

そしてもうひとつは、重心を左に移動する時に使った身体の後ろ側の筋肉群（ハムストリング群）から、両腕を伸ばす力を総動員させて、「腕を固く使う」状態をつくるのです。

背中の下部から腰、臀部や太ももの裏側の筋肉を収縮させ、仙骨（骨盤の中央にある背

クラブと引っぱり合うフォロースルー

クラブヘッドと頭を入れ替えて、引っぱり合っている。重心を左足に乗せているが、上体は後ろにのけぞるくらいのイメージで

「引っぱる」だけが目的で力が逃げている

引っぱり合うことだけを意識すると、両腕、両脚が縮む形になりやすい。引っぱることはできるが、ボールにエネルギーが伝わらない

「引っぱる」と「押す」の両立

重心を左の軸に乗せ、両腕、両脚を伸ばした形なら、引っぱり合いの形のまま、クラブヘッドを前から押されても押し返せる

押せなければ打球に力を乗せられない

フォローの形で前からヘッドを押され、押し返せない状態。腕を伸ばす筋肉を使うことができず、打球にさらなる力が乗らない

骨のつけ根の骨）を締めて骨盤を開く感じで使います。

骨盤が開くとパンツのフロント部分にしわが寄らず、お尻が締まるのでヒップのシルエットがハッキリ出ます。女性ゴルファーの場合、足が細く長く見えるので、力強さだけでなく美しいフォームとなります。

イメージとしては「身体の四隅に向かって、伸びる力を使う」感じです。パワーの源といわれる丹田（下腹部）から、両腕両足に向かってエネルギーを放出し、空気圧の高いよく弾むバスケットボールのような状態をつくるのです。空気の抜けたボールは弾けませんし、車のタイヤでも空気圧が低いと燃費が悪くなります。「飛ばない」とはまさにこの状態。筋肉が縮み間接が緩んでいるので、エネルギー効率が上がらないのです。

身体の裏側の筋肉を意識することで、両腕は指先までしっかりと伸びて両足の緩みもとれて、身体と腕とクラブがひとかたまりとなって剛体化しているので、クラブを押してもまるでブロンズ像を押しているかのような感じがあると思います。

そしてこの剛体化した押しのポジションは、引っ張られても対抗できます。それは自分の重さがひとかたまりになっているので、引っ張れる方向と逆方向に重さを預けるのは容易なことなのです。

「前」を開いて両腕、両脚を伸ばす

おしりや太もも裏の筋肉を縮めることで骨盤を開き、四肢を伸ばす動きにつなげる

「前」を縮めると力は外に向かわない

✕

「腕を固く使う」「引っぱり合い」のイメージは、腕や股関節を萎縮させ、力を内に向かって消費してしまうことにつながりやすい

スイングプレーンの延長線上の月を突くイメージ

ハーフスイングはスイングの円弧の下半分（180度）を描くスイングですが、ここからフォロースルーをさらに90度展開してみましょう。フルスイングをつくるためのトップ側を学ぶ前に、フィニッシュ側は、ハーフスイングまでの延長として、比較的容易に身につけられるはずです。

ハーフスイングではシャフトが水平の位置（時計の文字盤では3時）でフィニッシュしていましたが、今度はシャフトが垂直に立つ（12時）まで回すことを意識してください。腕を身体から切り離して手を上げていくのではなく、身体の動きでそこまで到達することが肝心です。

意識としては、ハーフスイングのトップの位置で、そこから270度回していくためのエネルギーが凝縮されていなければなりません。ここでため込んだエネルギーを爆発させる感覚で、身体の動きをつくってみましょう。そこでは、先ほど確認した「押す力」が、後押ししてくれることがわかると思います。生きのいい小魚が水面近くで力をため、そして一気に水面からピシャリと跳ね上がるイメージでもいいかもしれません。

下半身と胴体の動きで12時へ

おヘソの正面にクラブをもつ（①）。おヘソを大きく動かすことで時計盤の12時の位置まで振り上げていく（④）。クラブだけを腕や手首で12時に上げようとしない。「身体の動きは大」の延長上に、このフィニッシュがある

そして、スイングプレーンの延長線上に月が浮かんでいることをイメージし、ここにクラブを届かせるように、さらにクラブで月を突き上げる感覚で、270度までクラブを回していきます。

クラブを水平にして、両手を肩からまっすぐ下ろしたところでもってください。この状態からバックスイングして、おなかと頭を入れ替えます。時計の文字盤で言えば、8時の位置に上げたら、そこから左右対称に4時までダウンスイングをしましょう。ここでは、スイングプレーンにぞうきんがけする感覚です。

そしてもう一度8時まで上げていきます。今度は、4時の位置を越え左サイドにあるカベの上まで一気に拭き上げます。これが、手だけでクラブを振り上げるのでなく、ハーフスイングのフィニッシュを体幹で270度まで展開する動きです。8時のトップの位置で、力をおなかの中にいったん集める感覚をもちます。そこから270度まで展開するには、身体を開いていきながら力を内から外へ放出する感覚です。

この感覚がつかめたら、7番アイアンでボールを打ってみましょう。

ハーフスイングでは腰の動きは回転を意識せず平行移動でいい、と説明してきました。しかしここではじめて、骨盤の回転を使う必要が出てきたこともおわかりでしょうか。そ

プレーンの真上を突き上げる

おヘソが目標を向くまでターンした状態からさらに身体で「もうひと押し」することで、頭上の「月」を突くことができる

してヒザを伸ばす動きも利用して、クラブを真上まで振り上げるのです。

左に置いたキャディバッグに左腰をぶつけるドリルを紹介しましたが、そこで腰をぶつけたのと同じところに、今度はおヘソが当たるように、クルッと回ってください。しかしながら「腰を回す」という表現は、腰が早く開いてしまうスピンアウトなどの過剰な動きによるミスを誘発してしまうもの。腰は左にバンプしたあと「左向け左」のイメージで「90度向きを変える」という表現の方が適切でしょう。

270度のスイングでは、ちゅうちょすることなく一気に重心移動を行い、その流れに乗ってクラブを天に突き上げることが大切です。インパクトでボールに合わせに行ったり、身体の動きを止めたりしては、270度まで振り上げることはできません。手を使ってごまかしてしまいがちになります。

腕を振ってクラブを上げていくほうが楽に思えますが、腕を使わず体幹の動きを重視するほうが、実は身体に負担がかからないし動きがシャープになります。

プロのスイングには必ず、この270度スイングのエッセンスが含まれています。ただ、普通の見方では、スムーズな一連の流れに隠されて、腕をたたんでフィニッシュに向かう時点の動きしか見えてきません。しかし、この270度の円弧は「インパクトゾーンの円

全身の力を目標方向へ放出する！

トップからクラブを下ろしてくるときは、「力をおなかの中にいったん集める」感覚。そこに、濃縮したエネルギーを目標方向に向かって放出するイメージでフィニッシュへ向かう

弧」の延長であり、この動きを腕を伸ばしたままましっかりと行ってボールに力を伝え、腕をたたんでフィニッシュに向かうことが大切なのです。

これができてくると、「スイングが良くなった」というよりは「スイングが若々しくなった」と表現したくなるような、アスリート型のダイナミックなスイングへと変化しているはずです。腕の力は、クラブを振るためではなく、クラブフェースのコントロールや、シンプルなスイングプレーンつくりのため、腕をしっかり伸ばすために力を使うことになります。それによって、「腕の動きが最小、身体の動きが最大」のスイングが完成してきます。非力な女性や力の衰えを感じているシニアの方こそ、こうした腕を使わないボディスイングが福音となるのです。

左右の伸び縮みでスイングをつくる

ここまで説明してきたハーフスイング、そして入れ替えの動きをつくる際に、腰を回す意識はもたないと繰り返してきました。ここでは、回転でないのならどう身体を動かすのか、というイメージを説明しましょう。

身体の右と左、背骨の両脇に肩と骨盤をつなぐバネがあるとイメージしてください。そのバネを伸縮させることで、ハーフスイングから２７０度のスイングまでの動きがつくれます。

腰を回し、肩を回すイメージでスイングをつくろうとすると、トップでは左サイドのバネが伸び、右サイドのバネが縮みます。これは、胴体を四角い板として、その上辺と下辺の水平を保ったままねじるイメージでしょう。しかも、トップで左サイドが伸びて右サイドが縮むということは、頭はクラブと一緒に右に倒れています。この動き方では入れ替えになりません。

ですから、これとはまったく逆にします。バックスイングでは右サイドのバネを伸ばし、左サイドのバネを縮めます。逆にクラブを下ろすときは、右サイドのバネを縮めながら左サイドのバネを伸ばす。身体の左右を上下にずらす感覚です。ウエッジでの30ヤードのアプローチは、この動きだけでバックスイングとダウンスイングで入れ替えが完了し、ボールを打ててしまいます。

そこで意識しなければいけないのは、体幹の左右を伸縮させても身体の中心軸をまっすぐに保ち、傾けないことです。

左右のバネを体感する体操をやってみましょう。左手は天、右手は地をつかむように、

身体の両サイドのバネの伸縮を使う

体側にバネが入っていることをイメージする。片方を伸ばし、もう片方を縮めることでスイングの動きをつくる。伸ばす方はあばら骨と骨盤を引き離す感覚で、縮めるほうは近づける感覚

両手を逆方向に伸ばしてください。手を上に伸ばすサイドは、あばら骨と骨盤を引き離すつもりで。手を下に伸ばすサイドはそれをくっつけます。体側のバネ（筋肉）を上下に伸ばしたり縮めたりしていることを意識します。

タイガー・ウッズのスイング中の胴体の形（両肩、両腰を結んだ形）を見ると、長方形の板をねじるイメージでは説明しきれない姿に変形しています。トップでは、長方形の右の辺が長く、左の辺はごく短く縮められ、インパクトでは左の辺が長く、右の辺が短くなっているのです。

これはただ単に、胴体に斜めについている「ひねる」筋肉だけを使っているのでなく、体幹に存在するもっと多くの筋肉をコーディネートしつつ、使い切っていることを意味しているのでしょう。これをものにしない手はありません。

シャフトのしなりが球を捕まえてくれる

入れ替えをマスターすることは、クラブの機能を使い切ることにもなります。スイング中、クラブのシャフトはしなります。しなりには2方向あり、ヘッドがシャフトより遅れる方向にしなっている状態と、ヘッドがシャフトより先行する方向にしなっている状態で

左右のバネの伸縮でハーフスイングが成り立つ

左のバネを伸ばして右を縮めたバックスイングでは、入れ替えにならない。左右の体側の長さを変えずにねじるイメージでもこうなる

左のバネを縮めて右を伸ばすと、入れ替えのバックスイングができる。プロのスイングを見ても、体側の左右の長さはこのようにダイナミックに変化している

す。

ダウンスイング時に力で叩きに行くと、シャフトのしなりが使えなくなってヘッドの芯がボールをはじくような軽やかで心地よい打球感は得られません。ところがシャフトのしなりをうまく使えば、ヘッドが走ってヘッドスピードが上がるので、力を入れなくてもボールを飛ばせるようになります。

トップから切り返した直後、シャフトはヘッドが遅れる方向にしなっています。そして、後方にしなったぶん戻りの力が発生し、ヘッドが前方に押し出されながらインパクトに向かうのです。

インパクトに向けてシャフトが前方にしなることでフェースが上を向き、ロフトが増えて、ボールが上がりやすくなります。さらに、フェースが左を向くようにターンするので、ボールを捕まえやすくなるのです。

ダウンスイングで入れ替えができていないと、ヘッドよりも手が前に出た形でインパクトに向かいます。これではシャフトが下向きに戻ることになるので、せっかくのシャフトのはたらきがボールを飛ばすことに役立ちません。

それに対して、入れ替えができて身体が右に残っていれば、シャフトの戻りは目標方向

正しいしなり

クラブと一緒に、シャフトのしなりを表すブレードを振っている。正しいしなりは、ボールを押す方向（ターゲット方向）になっており、ボールを打ち上げるはたらきをしている

間違ったしなり

間違ったしなりでは、ブレードがシャフトより遅れている（しなり戻っていない）のがわかる。その結果、クラブに下（地面）向きの力がはたらいているので、ボールを打ち上げることができない

になります。それが直接ボールをもち上げ、捕まえて飛ばす力になってくれるのです。

３００ヤード飛ばす身体の「反発力」

飛ばそうと力むと、腕や腕につながる筋肉や関節を縮めることになります。筋肉や関節を縮めるということは、エネルギーを身体の中に引き込む動きになり、スイングとしてはボールを飛ばせない形です。

「脱力しろ」とよく言われるのは、こうした状態にならないためなのですが、実際に身体の力を抜ききってリラックスした状態では、大きなエネルギーの出力は望めません。脱力することによって筋肉や関節の縮みがとれ、エネルギーがすべて外へ放出されたときに、飛ばせるスイングができあがるのです。

とはいえ、ただ筋肉や関節がゆるゆるな状態で、２００ヤードから３００ヤードもの飛距離を出すためのインパクトの衝撃に耐えられるでしょうか。「芯に当たれば衝撃はない」という説もありますが、それは芯を外すことによるフェースが回転する動きが起きないというだけで、クラブ全体が受けたインパクトの衝撃は、そのままクラブをもっている身体に到達しているはず。この衝撃に負けてしまうのが、いわゆる「当たり負け」。エネルギーロスです。

それに耐えるためには、「腕を固く使う」をさらに発展させた、「全身を固く使う」感覚が必要だといえます。

「プロのスイングを見ても、力が入った状態には見えない」というご指摘が聞こえてきそうです。それは正しい見方ですが、プロや上級者にとってそれができるのは、「身体を固く使う」感覚をすでに知っているから。残念なことに、はじめから脱力した状態では、この感覚は決してつかめないものなのです。

ところが、いったんその感覚がつかめれば、不必要な力の入れすぎを取り除いても300ヤードのはじき返しができる、締まりのある状態をつくれるようになります。これを目指してください。

運動エネルギーは、身体を剛体化しないと効果的に使えないのです。体操競技の専門家から聞いたところによると、体操の選手たちは身体がやわらかいようですが、こんにゃくのようにやわらかいだけでは力が伝わらず、たとえば鉄棒での大車輪でもスムーズに効率よく加速できないそうです。加速するには、身体を固く使うことで全身の動きに力を伝えていかなければなりません。それでも、見た目にはやわらかい身体としなやかな動きに見

腕を固く使って、インパクトを重くする

プロレス技のウエスタンラリアートをしてみる。「腕を固く使う」ことができれば体重を乗せることができ、「身体を固く使う」ことで破壊力が増す

腕や身体がフニャフニャな状態では、同じ動きをしても衝撃は小さい。力の方向がそろわず、インパクトに集約もされないからだ

えるものなのです。スイングもまったく同じではないでしょうか。

最近では「レーザーレーサー」という競泳用水着が話題になりましたが、この一番のコンセプトは剛体化です。タイトな水着で筋肉を引き締め、エネルギー効率を高めたのです。

あなたの周りにも、きれいでスムーズなスイングに見えるのに飛距離が出ない、というゴルファーがいませんか？　きっと腕や身体をこんにゃくのように使っているので力が伝わらず、インパクトではヘッドの重さだけがボールにぶつかっているのです。

「身体を固く使う」ことができれば、体重移動で生まれるエネルギーも、下半身や胴体のいわゆる大きな筋肉でつくったエネルギーも、ボールに効率よく伝えられます。身体という風船の中の空気をぱんぱんに固くしているイメージです。そうしたボールは弾む力が大きいはず。そのエネルギーをボールにぶつけるイメージでスイングをつくってください。

もしかすると、「レーザーレーサー」を着てスイングすれば、インパクト効率が上がってボールが飛ぶようになるかもしれません。とあるゴルフアパレルメーカーは、すでにこの事例に着目し、今までにない「飛ぶウェア」の開発に入っているそうです。

第4章

力を100%伝える「フルスイング」のつくり方

フルスイングに欠かせない「シフト&リバース」の意識

左右の入れ替えでハーフスイングを完成させたその後は、当然フルスイングへと展開していきますが、ハーフスイングとフルスイングの違いとは何でしょうか。

ハーフスイングを説明するときに、「身体の動きとしては、フルスイングとほとんど変わりはない」と表現したのをご記憶でしょうか。ハーフスイングの重要なコンセプトに「身体の動きは大、手の動きは小」というのがありました。バックスイングではおヘソが右足の上に来るくらい動き、ダウンスイングでは左足の上に来るくらい動かないと、「手の動きを小」にしたハーフスイングはつくれません。

では、フルスイングではこの動きをさらに大きくしなければいけないのかといえば、そういうわけでもないのです。というより、正確な表現としては、身体の動きはこれ以上大きくできないというべきでしょう。

ではここで、ハーフスイングからフルスイングへと展開していく前に、フルスイングにおける下半身の動きを説明しておきます。下半身の動きの大きさは変わらないのですが、少し複雑な要素が絡んできます。上半身の動きをつくる前の段階でそれを確認しておくと、フルスイングへの移行がスムーズになります。

ハーフスイングでは、クラブは時計盤でいう9時から3時での動きに限られており、バックスイングは右への一方向、ダウンスイングはそれと逆への一方向とシンプルでした。腰を回す意識もなかったので、動きは飛球線と平行直線的でシンプルな動きです。そして、ハーフスイングでは「アドレス→トップ→フィニッシュ」と3つの形を一調子でつなぎました。重心移動とともに、ヘッドがフィニッシュに向かって動いている安心感があったはずです。

ところがフルスイングとなると、テークバック後半の9時から12時、フォローからフィニッシュへ向かう3時から12時での動きが加わっています。同じバックスイングの動きなのに、9時を過ぎたところでクラブはターゲット方向へと動きの向きを逆転するのです。当然、ダウンスイングではまず右へクラブを動かし、9時を過ぎたところでターゲット方向への動きに引き継がなければなりません。

そこで、フルスイングではトップからダウンに入ってインパクト～フォローへの展開における身体の動きを、「シフト」と「リバース」に分けて考えていきます。

トップから切り返すときの第1動作は、右足の上から左方向への重心移動（シフト）。

腰や肩の回転を先行させてクラブを引き下ろすのではなく、左肩口から背中を目標に向けたまま、左つま先方向へ倒れ込むようなイメージでシフトを行います。腰を回す意識をもたず、体側の右のバネが長く、左のバネが短い状態を保ってください。

シフトと同時に、両腕とクラブをスイングプレーン上に落とすように戻します。腕とクラブヘッドを9時まで下ろすのです。シフトが完了した時、身体は3時（東の極）で、クラブは9時（西の極）というポジションになります。

そして次は、ハーフスイングと同じように頭をクラブと逆方向に動かして、ターゲット方向へおへソと一緒にクラブを動かし、クラブが3時（東の極）身体が9時（西の極）へと入れ替わるのが「リバース」。頭の重さをクラブの進行方向と逆に動かしてカウンター動作を入れることで、クラブの遠心力に対して拮抗できるのです。その結果、ダイナミックにバランスが均衡し、両腕がよく伸びた大きなフォロースルーへと展開できます。

この一連の流れを「シフト&リバース」と呼び、フルスイングに展開する前に必ず確認しておく要素として重視しています。フルスイングになって9時と3時より上での動きが生まれ、動きの方向が反転する現象が起きるために、このような動きを組み合わせている感覚になるのです。かといって、「アドレス→トップ→フィニッシュ」という動きの連続が、等速でスムーズにつながる一調子であることに変わりはありません。

シフト&リバースがうまくできない例としては、身体がトップから左サイドへのシフトを行ったのに、腕が下りてこないケース。これは振り遅れであり、スライス、シャンク、トップなどのミスを引き起こします。腕を固く使う「ウエスタンラリアート」の感覚をもう一度おさらいすることで修正できます。

左サイドへのシフトをしないで腕を下ろしてくるパターンも、腕を単独で使っていることが原因で、こちらはスライス、テンプラ、ヒッカケなどが出ます。これも「身体の動きが大、腕の動きが小」を思い出して、ハーフスイングで身体とクラブの一体感を体得できるまで繰り返してから、フルスイングにチャレンジするといいでしょう。

身体が左にシフトせず、右に残った状態でリバースをかけると、フック、ダフリ、プッシュアウトという結果になります。この場合、左腰の横にキャディバッグを置いてバンプし、思い切ってシフトする感覚をつかむドリルをやり直してみましょう。

左にシフトしたあとリバースがかけられないパターン。これはいわゆるつっこみ動作で、最終的にはクラブの遠心力に負けて引っぱられてしまいます。それに対抗して腕や腰を引くようになるため、トウヒット、左ひじの引けなど弱いインパクトになってしまいます。

ウッドのシフト＆リバース

アドレスでは頭は真ん中の軸より少し右寄りにあり、ヘッドは左にある。ドライバーでは、真ん中の軸と右の軸の間のスペースを使って入れ替えを行う感覚。アイアンに比べて、頭の動きが大きくなる感覚があってもいい

アイアンのシフト＆リバース

アイアンのアドレスではヘッドと頭は真ん中の軸に重なる感覚。ここから、真ん中の軸と左の軸の間のスペースを使って、入れ替えを行う感覚。頭は真ん中の軸の上に残して入れ替えるイメージでもいい

アイアンとウッドにおける「シフト&リバース」の違い

アイアンとウッドでは、シフト&リバースにおける身体のポジションが異なります。アイアンとウッドは「スイングはまったく同じ」ではなく、ポジションの置き方に違いがあることを理解しておいてください。

アドレスをした際の身体のセンターにひとつ、そして両足の前にそれぞれラインがあり、合計3本のラインがあることを意識してください。

ドライバーでは、テークバックの始動からヘッドが9時の位置にたどり着くまで、身体はセンターの位置をキープします。ヘッドが9時の位置をすぎてトップに大きく回り込むのと入れ替わる動作で、身体は右のラインの上へと移動します。スイングが一番大きくなるのがドライバーショット。それゆえトップの位置での右側のシフトもドライバーが最大となるのです。ダウンスイングに入ると、そこからシフトしてクラブが入れ替わり9時の位置へと再びたどり着きますが、このときのシフトはセンターまで。そして9時の位置からインパクトゾーンに突入し、一気に3時の位置に向かって駆け抜けるクラブに対する入れ替えとしてリバース動作が入り、頭は再び右のラインに戻ります。そして、クラブが3

時の位置から戻ってフィニッシュに向かうにあたり、身体は右のラインから一気に左のラインへと前に出てフィニッシュに向かいます。つまり、ドライバーの場合はセンターと右サイドのラインの間でシフト＆リバースを行うのです。

これに対してアイアンは、9時の位置をすぎてフルスイングのトップにたどり着く動作が入っても、身体の位置は原則的にセンターのポジションをキープします。これは、地面の上のボールを打つときダフらないためと、スイング自体がコンパクトになるからです。トップからの切り返し動作は、センター軸から左の軸へとシフトします。そして9時の位置からインパクトゾーンに入るクラブに対しては、左の軸からセンター軸までの幅でリバースの動作を行い、振り抜きの動作に合わせてフィニッシュへと向かいます。

このように、アイアンにおけるシフト＆リバースのポイントは、芝の上にあるボールを打つことになるため、センター軸より右側に身体が入らない、つまりダフりを誘発するポジションに身体が入らないのが原則となります。

下半身の動きに注目すると、腰のバンプ＆ターンは、「バンプしてからターンする」ことが大事。「バンプしながらターン」ではないのです。腰の動きは、ハーフスイングでも意識していなかったのと同様、フルスイングのインパクトゾーンでも、まだ回転を意識する必要はありません。

ここで腰を回すイメージをもつと、左サイドが開いてしまいます。それでは、せっかくつくったエネルギーを無駄に消費してしまうことにもなりますし、使うエネルギーの方向も狂わせてしまうのです。

左腕一本でクラブをもち、軽くボールを打ってみましょう。ダウンスイングで左腰や左肩が開いてしまうと、左腕でのフェースとプレーンのコントロールができず、空振りに近いような当たりしか出ません。右腕一本での片手打ちでは身体の動きはあまり関係ないので、慣れてくれば誰でもクラブヘッドの芯で打てるようになります。しかし左腕での片手打ちは、切り返しで「左を開かない動き」をマスターしなければ決して打てないのです。

この動きを「左のマイナス動作」と呼んでいます。シフトするとき、同時に身体が回ってしまうのではなく、左サイドで「マイナス方向に動く意識」をもつことで開きを抑えるのです。トップでそうだったように、背中は目標方向を向いた状態で、左肩が右肩より低い位置にある関係をキープしてください。それによって、クラブをプレーンに導くタイミングをつくることができ、身体の正面でインパクトを迎えること、スイートエリアで打つことが可能になります。

バンプしてからターン＝T字の動き

ダウンスイングではいったん左にバンプするようにシフトし、左腰をしまい込むようにターンへとつながる動きになる（①〜③）。シフトが不十分な段階でターンするのは、いわゆる腰の引け。これでは体重移動の力をボールに伝えることができない（左下）

ダウンスイングを「左サイドでリード」のイメージで動いていた人は、特に「左のマイナス」を意識しないとクラブはコントロールできません。

また、インパクトゾーンにおける正しい腕の振り方を学ぶには、切り返してから腕とクラブがプレーンに「落ちる」動作が必要です。落ちると表現したのは、自分の力で「落とす」ニュアンスとは少し異なる、受動的な感覚だからです。

切り返しからシフトするとき「左のマイナス動作」の意識があると、腕とクラブはプレーン上に下りてきます。ここで、クラブを腕で引き下ろそうとすると、クラブの動きは正しいプレーンの外側にはみ出します。さらには、クラブが下りてこないため腕は力み、身体で引き下ろそうとするので余計に腰や肩が開いてしまいます。

切り返しを成功させるポイントは、トップからのシフトに合わせて腕の力を抜き、両腕全体の重さとクラブの重さが重力に引っぱられて自然落下するような感覚が必要です。

トップではクラブの真下に身体が入っていたため、その重さを支えることができました。これは、冒頭でオケのような重いものを振って体感しました。その状態から身体を左方向へシフトすると、クラブの重さは支えを失うので真下へ落下。胴体がシフトして空いたスペースに、腕が下りてくることになるのです。

切り返しにおける左方向へのシフトと、「左サイドのマイナス動作」を使いながら、腕とクラブの「落とし」のタイミングをつかめば、なめらかな切り返しからインパクトゾーン以降のスピードにつなげることができます。マスターするにつれ、軽やかで脱力の利いた効率のいいスイングになっていくでしょう。

入れ替えを3次元化する――前後の入れ替え

ハーフスイングではヘッドの動きが9時から3時に限られていたため、左右の入れ替えの意識だけでした。でも、フルスイングになるとヘッドは北半球に入り込み、さらに自分の目で確認できないエリアにまで進入していきます。

そこでの動きを正確につくるには、「前後の入れ替え」と「上下の入れ替え」についても、適切に理解しておくことが必要です。

入れ替えの概念は、クラブの動きに対して身体で作用反作用を考慮した動きをつくることで、ダイナミックにバランスをとることを目指したものでした。クラブの動きは2次元ではなく3次元の動きですから、それに対する入れ替えの動きも3次元になるというわけなのです。

まず前後の入れ替えについて。これは、主にテークバックからトップの位置に大きく関係してきます。前後の入れ替えが機能しないと、正しいトップの位置がつくれなくなり、ダウンスイングにおけるプレーンや身体の動きのミスへとつながってしまうのです。

正しいスイング像において、「トップの位置」はアマチュアゴルファーが思っているほど大切なわけではありません。よく「いいところに上がればあとは勝手に…」などという話を耳にしますが、残念ながらゴルフスイングはそんなに単純ではありません。しかし、トップの位置は大きなズレが生じてはいけない箇所であるのは間違いないことなのです。そこで、トップにおける正しいスイングプレーンやフェースの向きとともに、前後の入れ替えによる身体とクラブの位置関係について確認しておきましょう。

便宜上、直立して前と後ろを考えることにします。意識していただきたいのは、「クラブをもったあなたの全身」の重心線です。直立してクラブをもち、それを胸の前に上げてください。クラブの重さとバランスをとるため、あなたの身体は少し後ろに傾けています。バランスがとれているということは、重心線はあなたの頭とクラブヘッドの中間のどこかにあるのです。

アドレスでは、重心線に対して頭は後ろ、クラブヘッドは前です。バックスイングをし

頭とヘッドを遠ざける「前後の入れ替え」

前後のバランスをとる重心線を意識する。アドレスではヘッドが前、頭が後ろ。トップではそれを入れ替えることでバランスを保つ

ヘッドが重心線の後ろに回り込んだのに対して、頭を入れ替える意識がないと後ろにのけぞる。上体を前傾させた状態なら伸び上がりを引き起こしてしまう

てクラブを背後に回しながらバランスをとるには、自分の頭を前に出すことになります。重心線より前に動いていっていいのです。

そのくらい思い切って前後に動き、入れ替えをつくることで、正しくて大きなトップができあがります。スイングアークを大きくするほうが飛距離的に有利ですから、そのためには後ろのヘッドと前の頭の距離を遠く広げる感覚をもちます。

「軸を背骨」とイメージして、それが動かないようキープしようとすると、本来の重心線に対してヘッドも頭も後ろにあることになります。これでは、ヘッドが後ろへ引っぱる力に対抗してバランスをとることができなくなってしまうでしょう。

では、前傾した状態での前後の入れ替えを説明しましょう。

重心線は、両足の親指の付け根から垂直に伸びるライン。ここで前後にバランスをとって立つことが大切です。前傾しているので頭もヘッドもこの重心線より前にいることになりますが、直立して感じていた重心線の前と後ろのバランスを、ここでも感じることが大切になってきます。

ここからバックスイングして、その後半に頭を前、ヘッドを後ろに入れ替えてバランスをとり、トップでは両者を前後に広く離しておきます。

バックスイングの終盤、ヘッドと頭の距離を遠ざける意識をもつと、ダイナミックな正しいトップができる。スイングアークも大きくなり飛距離アップに有利

トップでつくった前後の距離をキープしたまま切り返すと、クラブはスイングプレーン上を戻ります。それでもまだ「頭が前、ヘッドが後ろ」のバランスは保っています。

インパクトでは「身体が後ろ、クラブが前」になるように再度入れ替えを行い、アドレスのときのバランスに近い形のインパクトをつくります。

多くの人は、前後の重心線に対して前屈みに構えやすいもの。そうなると、アドレスでは頭もクラブヘッドも前にあることになり、バランスがとれない状態になっています。それでも、脚力などの本来不必要な力で無理にアドレスをつくっていますが、バックスイングすると破綻してしまいます。

その結果、バランスをとるために頭もクラブヘッドも重心線から遠く外れないように動くことになり、身体、両腕、そしてクラブヘッドが重心線上にそろった過度にアップライトなトップになります。そのようなトップからは、プレーンを大きく外れたアウトサイド・インの軌道でしか振ることができません。

もうひとつ、前後の入れ替えができていないミスとしては、頭がクラブの動きを追いかけ、バックスイングで重心線の後ろに行って伸び上がり、ダウンスイングでは反動で両者が前にきて右肩が突っ込むパターン。このミスは、クラブと身体が同じ方向に動くので、2点がお互いに関係し合っている感覚や、引っぱり合うことでできる動きのメリハリがありません。いわゆる「スイングが緩んだ状態」で、トップでスイングが凍りついてしまう「スイングイップス」の方に多く見られます。

「そんなに前後に動いて、ボールに当たるの？」と思うかもしれません。しかし身体が動いても、クラブの動きとはダイナミックに均衡がとれている状態。つまり重心点はずっと変わらず、そのためヘッドがアドレスしたところに帰れることになります。

前後の入れ替えは、つま先上がりのライでのショットにそのまま生かせます。つま先上がりで前傾を起こされた状態で構えると、頭とヘッドが重心点に対して後ろに動いてのけ

前傾した状態で前後の重心を意識する

前傾しても、直立したときに感じていた前後の重心線をイメージしておく。アドレスでは頭はそれより「後ろ」と意識する

前後の入れ替えがないと、重心線に近いところに腕とクラブが上がってしまい、右ひじが高くなってトップの位置がプレーンからはずれる

ぞってしまい、バランスがとれなくなります。逆に頭が前に突っ込んでも、前後の入れ替えの意識がなければヘッドが重心点を挟んで頭と離れないので、真上に上がってやはりバランスが崩れてしまいます。

つま先上がりでは、クラブヘッドと頭のバランスを取ることを意識し、重心点の存在を確認します。そして、その前後でクラブヘッドと頭を入れ替えることを意識するだけで、インパクトが飛躍的に安定してくるのです。

クラブと身体を前後に入れ替える動作においては、重心位置の変化を足裏で感じとることで、上半身が腕とクラブの重さのバランスをとる助けになります。スイング中も、当然2本の足で立っているので、下半身のブレはそのまま上半身の余計な動きを生み、クラブの軌道などスイングの良しあしに影響します。

だからといって、下半身で踏んばってヒザや足首を固定しようとするのは、刻々と変化する動的なバランスをコントロールするスイング動作において不適切なイメージです。「入れ替え理論」とはすなわち、動的なバランスコントロールの技術だといえます。そこでは、動きを制限しない中でバランスを保つ感覚が大切。足裏で重心を感じとって、瞬時にバランスをとろうと反応する感覚をとぎすます必要があるのです。

つま先上がりで前後の入れ替え

つま先上がりのライでは、アドレスをとったときに前後の重心線を意識する。それより頭は後ろ、ヘッドは前にあることを確認しておく

トップでヘッドが後ろに行くのに対して、頭を前に入れ替える。ダウンスイングではヘッドが前に戻ってくるので、頭を後ろに入れ替えて戻す。大胆に動かす意識をもつことでバランスがとれる

入れ替えを3次元化する——上下の入れ替え

ゴルフスイングでは構えたときに上半身を前傾させています。そのため、クラブヘッドと頭の位置は上下の関係だととらえることができます。

アドレスは自分が上でクラブが下。バックスイングの途中で自分が下でクラブが上に入れ替わり、ダウンスイングの途中、再び自分が上でヘッドが下に入れ替わります。そしてフォロースルーの中でみたび入れ替わり、自分が下でヘッドが上になります。

イメージとしては、冒険ものの映画に出てくるような「天井と床の間がだんだん狭くなる拷問の部屋」におり、つぶされてしまわないよう自分がその間でツッパリ棒になって空間を維持する感覚です。アドレスでは頭で天井が下りてくるのに対抗し、クラブのソールで床が上がってくるのに抵抗します。トップになると、手とクラブで天井に対抗し、足の裏で床に対抗します。

このようなイメージをもつことで、インパクトで上下の入れ替えをしても伸び上がりにならず、打球に体重を乗せることができるので重い球が打てるようになるのです。

ボールの上に身体を乗せる感覚をつかんでいただくために、もう少し説明を加えましょ

上下の入れ替えが前傾角のキープをつくる

トップではクラブが上で頭は下。インパクトでは上下を入れ替えなければならない。この意識をもつと、前傾角度をキープして振り抜くことができるようになる

前傾角度をキープできず、上体を起こしてインパクトを迎える人は多い。ヘッドに働く遠心力に対して意識的な対策もしない結果、伸び上がってしまう

う。イスに座って、長い棒の真ん中をもってトップをつくったとイメージします。クラブならグリップエンドのあるはずの場所から、棒は左手の小指の先へと長く伸びています。その時点で棒が上、自分が下にあります。

では、ダウンスイングをして身体を戻しましょう。この棒の先を地面につけ、杖のように使って立ち上がってください。それによって、棒が下、自分がその上に乗る感覚になります。それがダウンスイングでの上下の入れ替えなのです。

この動きが激しくなったのが、ジュニアによく見られる「ジャンプ」です。プロでもローラ・デービースがつま先立ちでインパクトをしていることが話題となったことがありました。これは上に飛び上がっているのではなく、身体の重みをボールの上に乗せようとしているというのが真相なのです。私はこれを「浮き身動作」と呼んでいます。これは野球のピッチングやテニスのサービスなど他のスポーツにも共通に見られる、ボールにスピードと重さを与えるための隠し味的な動きなのです。

「重心位置が低いほうが安定する」というイメージの「踏んばり型（ドッコイショ型）」の動作というのは、ゴルフのスイングスピードからすると、機能しなくなってしまうしろものです。またこの浮き身動作ができれば、腕を肩甲骨部分から動かすことができるので、

ジャンプの動き

杖をついて立ち上がるイメージ。上にあったクラブに対して下向きに力を使う反作用として、身体を立ち上がらせることができる。これがダウンスイングで上体が浮く原理

腕が詰まらずしっかりと振り抜くスイングにつながります。トップからの切り返しで浮き身動作を使い、腕とクラブをインパクトゾーンへと振り下ろし、クラブに自分の体重を乗せて重く強いインパクトを目指します。

この動きの神髄をつかむには、短いクラブでボールを打つ練習が最適です。ウェッジをグリップの一番下で握るくらい短くもってトライしてもいいでしょう。これをマスターすると、背骨は軸としてまっすぐ伸びたままスイングするのではないことがよくわかります。波を打つようにダイナミックに背骨が動く中で、スイングがつくられるのです。

背骨はアドレスでは自然な状態で伸びていると思います。バックスイングの中で身体が下、ヘッドが上という入れ替えを行うとき、胸を開いて背骨が前方向に弓なりになるのを感じます。背中側では肩甲骨がスライドして背骨に近づいていく感覚です。

それが、ダウンスイングでは逆に身体が上、クラブが下と入れ替えを起こすため、今度は胸を閉じて背骨が後ろ方向に弓なりになっています。肩甲骨は、今度は背骨から離れるようにスライドして背中を丸くして広げています。これは、アッパーカットをみぞおちにくらって「うっ」となった感じをイメージするのがいいかもしれません。

そのさまは、あたかも鳥が羽ばたくときの動きに似ています。天使のように肩甲骨から

鳥のはばたき

トップでは胸を開き、背骨を反らしているイメージ。これで「クラブが上、身体が下」の入れ替えが完成する

ダウンスイングでは胸を閉じ、肩甲骨が背骨から両側に離れるイメージ。背骨が丸くなることで、ヘッドと引っぱり合っている

羽が生えているとイメージすると、バックスイングでは胸をはって羽を広げ、ダウンスイングでは背中を丸めて羽を閉じる、そんな動きなのです。

手首のコックがワンランク上のスイングをつくる

それでは、ハーフスイングからフルスイングへの展開における最大の要素、コッキングについての説明に移りましょう。この動きが入るか入らないかで、動きの複雑さがまったく変わってしまうという意味で、ここまでの内容とここからの内容はひとつ次元が違うといえます。

誤解を恐れずに断言すると、ここまで説明した内容だけでもシングルになることは可能。それだけの飛距離と正確性をものにできます。

しかしここから先の世界は、シングルはシングルでもプラスハンデになることも可能になる内容を含んでいるのです。とはいえ、はじめに説明したとおり、それはスイングの「楷書」ともいえるハーフスイングで身につけた入れ替えの感覚の上に成り立つことを忘れないでください。

「楷書」の要素のひとつに、「腕を固く使う」がありました。これが導いたのは「手の動

インサイドに落ちてしまう

ヘッドでプレーンをなぞろうとしても、重力でヘッドが引き下げられる。そのため、イメージよりヘッドはインサイドを通って上がっていくことになる

きは小」、つまり身体の動きによって手とクラブの動きがつくられる。そして、それによってフェースの向きのコントロール、軌道のコントロールが劇的に改善されるのです。

ただの棒とは違い、ゴルフクラブはシャフトの軸線から屈曲した角度でヘッドがついていて、ボールを打つのはそのヘッドです。シャフトとヘッドがつくる角度は、構えるときにはライ角となって複雑な形で構えることを要求します。

クラブを振ることで、クラブフェースには「開こう」とか「閉じよう」とする力がはたらきます。また一方で、構えたときのシャフトの傾きに沿ってクラブを動かしたいのに、重力が常にヘッドをインに入れようとします。

しかも、そうした力はスイングスピードが速くなればなるほど、大きくはたらくようになります。

脱力しきった体勢でスイングしようとしても、そうした力に抵抗できないためイメージどおり「プレーンに乗せてフルスイング」することはできません。そうした力に抵抗してフェースをスクエアに保ち、軌道上を通すには「腕を固く使う」感覚しかないのです。

そうしてつくったフェースの向きと軌道のコントロールですが、ハーフスイングからフルスイングへの展開でコッキングが間違っていると、すべて台無しになってしまいます。逆にいうと、正しいリストコックを学べば、①「トップの位置でのフェース面のコントロール」と、②「ダウンスイングで再びプレーに戻しやすくするトップの正しい位置」の2点を得られるのです。

テークバックで行うコックについて、「自然に起こるもので意識するべきではない」と言われることがあります。ですが、これは無意識に正しいリストコックができているゴルファーの感覚的な表現であり、リストが正しく使えていないほとんどの一般ゴルファーには当てはまらないのです。

距離感がグンと上がる「一筆書きのアプローチ」

はじめは、ウエッジでの短いアプローチという小さな動きでコックの動きを確かめましょう。右手は普通に握りますが、左手は手のひらを上からグリップエンドにあてがいます。そのアドレスから、右手は動かさず左手の平でグリップエンドを左に押し出してください。その動きによって、ヘッドはバックスイング方向に上がっていきます。左に移動したグリップエンドを支点として、つまり今度は左手を動かさず、右手は自由にしてヘッドの重みで落下させてボールを打ちます。

左手のひらでグリップエンドを左に動かす仕組みがコックであり、グリップエンドを支点としてヘッドを落下させるときの右手の動きがリリースになります。つまり、コッキングの正体は、「ヘッドとグリップエンドの入れ替え」だといえるのです。

状況としては距離の短いチップショットなので身体は動かさず、手だけでつくったコックとリリースだけのミニマムなフルショットだといえます。

慣れてきたら、左手も普通にグリップして同じ動きに挑戦してみましょう。やはり右手は動かさず、左手小指側を左下に押し込むように左のリストを使ってテークバックします。

振り子のアプローチ

振り子をイメージした動きでは、グリップエンドはテークバックで右、ダウンスイングで左へと往復するように動く

左内ももの前にあったグリップエンドは、左太ももの外側に向かいます。仕組みとしては、インパクト時にはグリップエンドがボールの外側に位置するので、下降軌道でボールにコンタクトするため、何度やっても確実にヒットできます。そして、これぞ「ヘッドを上げて下ろすだけ」の距離感がつくれるので、実戦でも使えるアプローチ技になります。

この打ち方は、振り子のように軸を中心として左右対称に振られ続ける動きではありません。グリップエンドが左に一度しか動いていないのに、ショットが完結します。私はこれを「一筆書きのアプローチ」と呼んでいます。

これに対して、振り子のイメージのアプロ

一筆書きのアプローチ

右手は普通に持ち、左手は手のひらを上からグリップエンドにあてがった形でアドレスする。そこから左手でグリップエンドを左に押し込むと、右手首にはコックができている。あとはグリップエンドを支点として、ヘッドの重さで落とすと、右手首のリリースになる

ーチは、グリップエンドが右、左とお腹の前を往復します。グリップエンドがボールの右に動くと、それだけでダフリのリスクが増えます。また、グリップエンドがボールの右に動くと、必然的にヘッドは大きく動き、テークバックの大きさをコントロールしづらくなります。そのままダウンスイングするとオーバーしそうに感じるので、多くの場合は途中でゆるめてしまってショートかダフリ。ダフリを避けるために右手首でしゃくる動きが誘発されればトップに大オーバーです。

「一筆書きのアプローチ」のテークバックでは、ヘッドの動きはごく小さくなります。ポイントは、その小さなトップから「最強のインパクト」をつくる感覚。腕を固く使ってスイングにゆるみを生まず、力をすべてインパクトにぶつける感覚です。この動きで、キャリーは2ヤードくらい。PWならそこから10ヤードくらいは転がるアプローチを追求してみてください。

ヘッドとグリップエンドを同時にプレーンに乗せる

左右に始まり、前後、上下の入れ替えは、すべて頭と頭（クラブヘッド）の入れ替えでした。しかし、入れ替えは、頭と頭の関係だけにはとどまりません。たとえば、コッキングの動きも、入れ替えで説明できるのです。この場合、クラブのグリップエンドとヘッドの入れ替えという発想に切り替わります。そこに着目して、一筆書きアプローチで学んだ手首のコックを、イメージし直してみましょう。

ハーフスイングでの「身体の動きは大、腕の動きは小」を説明するとき、グリップエンドをおへソに突き刺してクラブを身体と一体化させて動かすというイメージがありました。その動きを思い出してください。

アドレスから手が右腰の外くらいまでくると、それ以上身体の動きでクラブを上げていけません。これがハーフスイングのトップでした。そこから、お腹に刺さっていたグリップエンドをおへソから抜いて、クラブを上げていきます。これがコッキングのイメージ。

おへソからクラブを抜いたら、次は「クラブを回す」動作が続きます。

今度は長い棒、またはクラブ２本をグリップで互い違いに組み合わせて「長い棒」としてもってください。その真ん中をもってテークバックします。手が右太ももにきたとき、棒は地面と水平、ターゲットラインと平行にしてください。この形をつくると、スイングプレーンがイメージできるので、それに沿って棒のグリップエンド側の先端でボールを指すように回していくのです。クラブのグリップエンドとヘッドを入れ替える感覚だといえばわかりやすいでしょう。

これを素早く行うと、アドレスから右太ももの前まで手を動かした位置で、クラブをバトントワリングのようにクルクル回すイメージがもてます。それがクラブを回す感覚です。それによって、正しいコックの方向が体得できるでしょう。「一筆書きのアプローチ」の時と同じことを確認してください。

グリップエンド側にあるクラブを動かす左手首が使えないと、もっていた長い棒のヘッド側だけがプレーンを「なぞる」ことになります。これは典型的な「振り子のイメージ」であり、ヘッドの動きだけを意識した結果です。グリップエンド側とヘッド側の運動量がバラバラなので、ヘッド側が暴れやすい状態に陥ります。これでは、トップまで上げたときヘッドにはたらく慣性の力に負け、制御を失ったオーバースイングやプレーンから外れたトップになりがちです。

それに対して「入れ替え」は2点の動きをイメージするため、ヘッドとグリップエンドを同時にプレーンに乗せ、そして入れ替えによって正しいコックの動きも引き出せます。

スイングプレーンをなぞるイメージでバックスイングをする場合、クラブの慣性に任せた自然発生的なコッキングというニュアンスが強くなります。それでは長さと重さの違い

ヘッドとグリップエンドの入れ替え

グリップでクラブを交差させて2本もつ。この2本を入れ替えることをイメージすると「クラブを回す」ことを体得できる。2本のクラブが相互にガイド役となって、正しいプレーンに導いてくれる

によるクラブごとのタイミングや感覚の違いをそれぞれつかむ必要があるため、練習量の限られた「週末ゴルファー」がマスターすることは厳しいでしょう。ゴルフクラブは全体としてのバランスポイントがヘッド側にあり、そのせいでヘッド側が暴れやすいという特性をもっています。しかも、クラブごとに長さやライ角、重さも異なるため、「暴れる」タイミングがそれぞれ違ってきます。それによって、スイングの再現性、一貫性が低くなりやすいのです。

クラブを回すイメージなら、ドライバーからサンドウエッジまで、それぞれ異なるクラブの長さや重さに対してひとつの方法（腰の高さでイメージできるプレーン上で、グリッ

クラブを回す

グリップエンドとヘッドをひっくり返すように入れ替えると、ヘッドがこれから上げていくプレーンを示してくれるので、正しい軌道で上げられる。ダウンスイングではグリップエンド側がその役を果たしてくれる

クルクル回す

クラブの真ん中をもって、グリップエンドとヘッドをひっくり返すと、クラブはバトンのように回る。プレーンをなぞるのではなく、ヘッドをこのように回してスイングをつくるのが正しい

プエンドとヘッドを入れ替える）で対応できます。クラブを回すには、ヘッドの動きだけでなくグリップエンドの動きを意識する必要があります。それによってヘッド側の重さに負けず、ゆるみのない動きができるのです。また、クラブの番手によるスイングリズムの調整が必要なくなるので、スイングの再現性も高くなります。どんな状況でも自分のイメージしたタイミングで打つことが可能となり、実戦ラウンドでは非常に有効な技術です。

クラブは回しながら下ろす意識で

コックを使ってフルスイングのトップをつくったら、切り返してダウンスイングに入ります。ここからリストをリリースしてインパクトを迎える流れの中で、グリップエンドの動きをさらに意識する必要があります。

ヘッドの重みや遠心力に任せただけの、受動的、かつ曖昧なリリース動作では、インパクトの再現性に乏しく、とくに緊張した場面では機能しません。

そこで、意識をグリップエンドにもっていきます。それによって、自分の意志でタイミングやフェース向きをコントロールできるようになり、制御性とパワーを兼ね備えた最強のリリースが完成するのです。

グリップエンド側が導くプレーンを感じる

クラブを下ろしてきたときには、グリップエンドの延長がこれから振るべきプレーンを示してくれている。再びここにグリップエンドとクラブを回していく

再び、2本のクラブをグリップエンドで互い違いにして、長い棒としてもってください。クラブを回す動きで、グリップエンドとヘッドを入れ替えてトップをつくります。そこからダウンスイングをしようとする際、グリップエンド側のクラブがインパクトへ向かうプレーンを示してくれています。ここに向かってヘッド側を入れ替えにいきましょう。

まず、シフトの動きをかけることで腕とクラブを腰の高さまで下ろしてきます。このポジションでのシャフトのラインが、これから振るべきプレーンを引き続き示してくれています。それに従ってクラブを再び入れ替えましょう。

「クラブが入れ替わってプレーンをつくる感覚」をもっておくことは、そのまま右太ももまでクラブを下ろしてきたとき「正しく振れているか」をチェックする基準にもなるので、非常に有用だということを覚えておいてください。

第5章

「入れ替え」が教えてくれるスイングのツボ

コックは左手を伸ばすことでつくられる

これまでは身体とクラブの全体的な入れ替えを説明してきましたが、ここからは身体の部分的な入れ替えを見ていきましょう。全体としては頭とクラブヘッドの入れ替えが起こっていますが、身体の各部分でも同時に入れ替えが起こっているのです。それを具体的に意識することで部分的な動きが明確になり、より再現性を高くすることができます。

はじめに説明するのは、両腕の長さの入れ替えです。これは、バックスイングでのリストコックと「クラブ回し」を補完する動きになります。

アドレスでクラブをもったとき、両腕の長さは同じではありません。グリップしたことで左右の手の位置がズレることに合わせて、右が長く左が短い状態になっています。長さの差は、手のひら半分くらいでしょう。バックスイングをする際に、右手が長い状態のまま身体で「右向け右」をしても、肩は入っていきません。無理して肩を入れようとすると腰が砕けた形になってしまうでしょう。

バックスイングの途中で左の肩甲骨を背骨から遠ざけるようにスライドさせ、左腕を右腕より長くしてみましょう。こうすると、左の肩がグッと入って十分なトップでのフトコ

正しいテークバック

ハーフスイングのトップまではアドレス時の右腕が長い状態。だが、そこから左腕が長くなることでコックが促され、ヘッドを9時から上に回していける

悪いテークバック

アドレス時の右手が長く、左手が短い状態のまま身体を「右向け右」しても、トップにはならない

右手が長い状態のままトップをつくろうとすると、無理に身体を回すことになって腰が引けてしまいやすい

ロがつくれると感じると同時に、左腕がしっかりと伸びているでしょう。

クラブをグリップした状態で右と左の腕の長さを入れ替えると、右手の小指側が支点となって肩甲骨を動かして左手を右手の外側に押し出すことになり、それによって手首がコックされて「クラブの回し」が完了します。

ダウンスイングでは、2本のクラブをつなげて振った際に、ヘッドがインパクトに戻ると同時に、グリップエンド側につなげたクラブが左脇腹に当たりますが、ここでもやはり腕の長さの再入れ替えが起きています。

肩甲骨を使ってコックを導く動きができると、テークバックで身体を回さなくても左の肩が十分に入り、フトコロのあるトップがつくれます。スイングの動きにおける重要な要素なので、先に学んだワッグル動作と結びつけて、テークバックからトップへの動きがスムーズにつながるようマスターしてください。

腕の長さの入れ替えを習得するためには、左右の手を離してグリップの両端をもつ「スプリットハンドドリル」を繰り返します。左右の手を離すことにより、肩甲骨をスライドさせて両腕の長さを入れ替える動作がテコとなり、クラブを回してくれるのを確かめてください。小手先でクラブを回すのではなく、胸や肩、とくに肩甲骨の動きを意識して行う

スプリットハンドドリル

両手のあいだを離してグリップして素振り。ハーフスイングのトップから左肩甲骨を外に開きながら左腕を右腕より長くすることで、クラブが回されていく

悪い例

左腕が短いままだとクラブが回っていかない。左肩甲骨の動きが止まったまま、腕や手首でかつぎ上げるしかない

ことが大切です。

ダウンで再び腕の長さを入れ替えるとインパクトにたどりつくので、フォローからフィニッシュはとらず、腕の長さが入れ替わったのを確認して終える感じで十分です。

「右サイドを使う感覚」を手に入れる

次は、バックスイングでの動きの微妙な部分を明快にする、右サイドの入れ替えの感覚をつかみましょう。

アドレスで、右の内くるぶしからまっすぐ垂直なラインを意識してください。右ヒザはこのラインの内側にありますが、テークバックするに従って、ヒザ頭1個分外に動きこのラインをまたぎます。おへソを右股関節にのせるまで体重移動するのに付随する動きです。

右の内くるぶしのラインに対して、この外側に動いた右ヒザと入れ替わるのは右肩です。ただし、これは目に見えない位置で入れ替わるので、この感覚をつかむのは多少やっかいだといえます。

腕の長さの入れ替えを説明したとき、バックスイングで左の肩甲骨を背骨から離して左腕を長くしましたが、それと同時に右の肩甲骨は背骨に近づけるよう引き寄せることが必要なのです。それを行うと、右背面で右肩が右の内くるぶしのラインより内側に回り込んでくるのです。つまり外側に動いた右ヒザと入れ替わり、内側に回り込む右肩の動作は背中側で行っているのです。こうしてトップをつくったら、ダウンスイングではヒザが再び内に入り、肩が外に出て入れ替わります。

この感覚がつかめないと、トップで右ヒザ、右肩、そして右ヒジも一緒になって、右の内くるぶしのラインから外に出てしまいます。右ひじが出たところからダウンスイングを始めると、右肩、右ヒジが下がって極端にインサイドから振り遅れた状態でインパクトに向かいます。それを嫌って無理にボールを身体の正面でとらえようとすると、右肩が突っ込んだ形でインパクトしてしまうでしょう。つまり、スライスやプルフックが出てしまいます。

これを身につけるには、右足一本での片足素振りが最適です。片足といっても、それでクラブを振るのは大変なので、左足を半歩後ろに引いた位置でつま先をついて支えても結構です。クラブが重ければ、ヘッド側をもって素振りしてください。それでも、右足一本でクラブを振ると、右サイドがバランスをとるために、右足内くるぶしのラインに対して右ヒザが左右に入れ替わってくれます。

右サイドの入れ替え

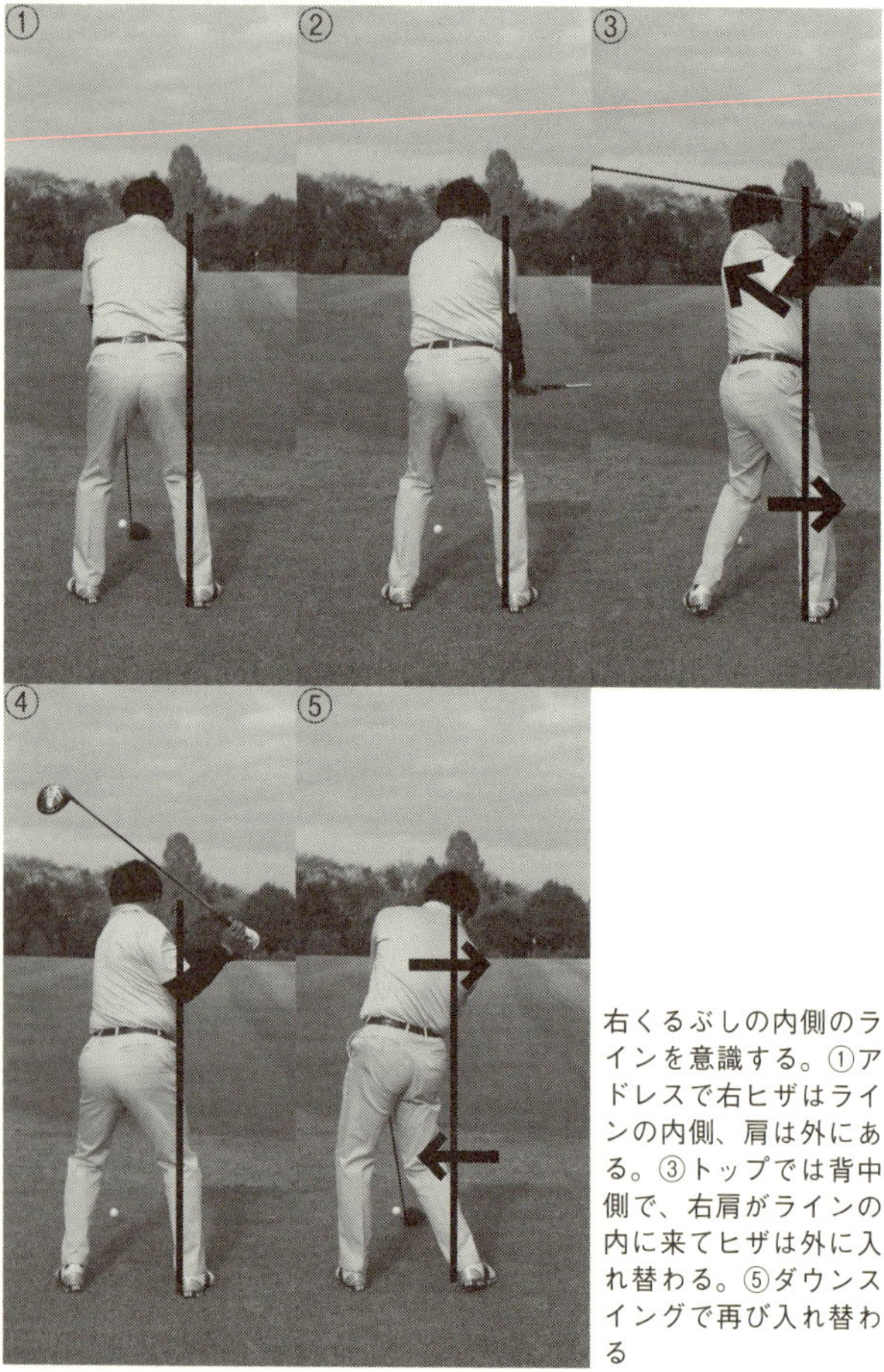

右くるぶしの内側のラインを意識する。①アドレスで右ヒザはラインの内側、肩は外にある。③トップでは背中側で、右肩がラインの内に来てヒザは外に入れ替わる。⑤ダウンスイングで再び入れ替わる

右サイドの入れ替えの悪い例

背中側で右肩が回り込む感覚はなかなかつかみづらい。入れ替われず、トップで肩とヒザがともにラインの外に出ていると、ダウンスイングで右肩が落ちる動き（右）や右肩が突っ込む動きが出やすい

バックスイングではヒザがラインの右（外）に出て、全身がC字型に弓なりになります。ダウンスイングではヒザがラインの左（内）に入れ替わり、全身は逆C字型の弓なりになる感覚です。左右に弓なりになる「振幅」で身体は動くともいえるのです。

いずれにせよ思い切り動く中で、「バランスがとれる位置」を探していくのが大切なのはいうまでもありません。

右足一本でスイングすると、ダウンスイングで身体を右に残してクラブを左へ振り抜く動きを強制されます。その時点で、左足を定位置に戻すと理想的なフィニッシュになります。実際に両足を地面につけてスイングするときも、これは同じです。ダウンスイングのはじめに「シフト」はしますが、頭を入れ替えることがすなわち、ヘッドがフォロースルーに向けて走っていく遠心力に対して右サイドでこらえる感覚になります。この引っぱり合いを経て、ヘッドを打ち抜いてから左足の上でのフィニッシュに移行する感覚を覚えてください。

このドリルを試した方からは、決まって「こんなに右で打っていいの？」と質問されます。その答えはもちろん「ＹＥＳ」。

このような質問をする人というのは、ダウンスイングでこれまで左サイドの動きしかつ

右足一本で立って素振り

右足一本で立って素振りをすると、右足軸を中心にヒザと肩が入れ替わる感覚がわかりやすい。完全に一本足では不安定なので、左足は後ろに引いてつま先をつけておく

くらず、右をまるきり使っていないからこそ、「こんなに右を使っていいの？」という感覚になるのでしょう。もちろん、私の理論のなかにも左サイドの動きというのはあります。したがって、ここでいう右サイドはあくまで50％。現時点で左サイド１００％の感覚で振っている方にとって、この新しい感覚は「右サイド１００％」と錯覚しがちですが、目指すべきは左右のバランスを取ったうえでの「左右合わせて１００％」なのです。

右サイドのラインを意識してヒザと肩を入れ替える

次は、身体の右に接してラインがあると想定してください。そのラインに対して入れ替えが起こるのは、右ヒザと右肩です。これは右足の内くるぶしのラインでの右サイドの入れ替えに似ていますが、その外側にラインをもうひとつ意識することで、バックスイングの動きがより正確につくれるようになります。

バックスイングすると、右サイドのラインに対して右ヒザが近づき、右肩は離れます。肩とこのラインの間のスペースに右ヒジが入っていくとイメージしてください。このラインよりもヒジが外に行くと、クラブはプレーンから外れてしまいます。

ヒザと肩の入れ替え

右足外側に接して垂直なラインを意識する。バックスイングでおヘソを右に向けて頭を入れ替えると、ラインと右肩との間にスペースができる。このスペースに右ヒジを入れてトップをつくる感覚

おヘソを十分に回さないと、右肩とラインの間に空間が生まれず、ヒジを入れるスペースがない

トップでは弓を引いて力をためるイメージ（左）。ダウンスイングでその力をリリースすることで、目標に向かって力を放つ（右）

上半身と下半身の入れ替えを意識してみる

左右の入れ替えで頭とクラブヘッドが入れ替わっているだけでなく、同時に上半身と下半身も入れ替わっていると意識してみるのも、正しい動きを身につける助けになります。

背中側で、首の両側から1本ずつ、左右の肩甲骨を貫通して地面に伸びる垂直のラインを意識してください。

バックスイングで下半身が右に踏み込んだとき、上半身では右の肩甲骨が逆方向に入れ替わるように左のラインまで回り込んでいます。そのくらい動いてやっと、左右の入れ替えの動きが十分な量に達するといえます。

逆にダウンスイングでは、下半身は左に乗り込んでいき、左肩甲骨が背後で右のラインまで回り込みます。

上半身と下半身の入れ替え

首の両側にラインを意識する。トップにおいて右肩甲骨は左のラインまで回り込む。下半身はこのラインの右だが、上半身は左。ダウンスイングでは、下半身が左へ動くのに対して上半身は右に動いて入れ替わる

ボールの捕まりを劇的に改善するヒジの入れ替え

　ボールを捕まえる動きをシンプルなイメージで完成させるには、ヒジの入れ替えの感覚をつかむことです。パターからドライバーのフルショットまで、すべてこの感覚でボールを捕まえて、ラインに乗せることができるようになります。

「小さく前へならえ」の要領でヒジを体側につけたまま、ヒジから先を身体の前に出した形を意識してください。この形で、両ヒジと胴体をはめ込む横長の四角形をイメージします。アドレスでは当然、ヒジの位置は並列、つまり飛球線に平行です。

　ここからテークバックするとき、左ヒジは右ヒジのあった位置へまっすぐ飛球線に平行に動きます。ところが、右ヒジはこの四角形の中で体側に沿って後ろに引かれるように動きます。ただし、クラブヘッドはインサイドには入りません。左ヒジはストレート動作を行っているので、プレーンに乗ってくるのです。

　ここで大切なことは、両ヒジは並列には動かないし、この四角の枠の中からはみ出したりもしない、つまり身体から近いところを動かしてクラブを振るということです。

　逆に、ダウンスイングからフォロースルーにかけては、右ヒジが左ヒジのあった位置へ

ヒジの入れ替え

両ヒジを胴体ごと挟み込む枠を
意識する。ヒジはこの枠の中か
らはみ出さずに動くのが正しい

ヒジの入れ替えの悪い例

四角い枠からヒジがはみ出してしまうと、フェースが開いたりヘッドがプレーンから外れてボールが捕まらなくなる

まっすぐ動きます。左ヒジはやはり、体側に沿って後ろに動いていくのです。

直立してクラブを水平に振ると、両ヒジを入れ替えることがヒジの高さを変えることとして現れるため、はっきりこの動きを意識できます。

アドレスにおいて両ヒジは同じ高さですが、テークバックでは右ヒジが低くなり、左ヒジが高くなります。インパクトで再び同じ高さに戻り、その延長としてフォロースルーでは逆に入れ替わります。

これができない人は、左ヒジの高さがずっと変わらないのです。ひとつのパターンとしては、左ヒジがずっと高くて右ヒジが低いままでついていくというもの。これでは典型的な振り遅れとなり、スライスが出ていると考えられます。もうひとつのパターンは、左ヒジが高いままで、右がそれよりさらに高くなろうとする動き。これは右サイドが突っ込んでフェースをかぶせている状態なので、ヒッカケしか出ないでしょう。

ポイントは、ダウンスイングで左ヒジが低くなることで、右ヒジに左ヒジより高い位置を通過させること。それによって、フェースの返りをうながすことができるのです。そのためには、左ワキを閉めながら左ヒジを絞り込みます。そうしないと左ヒジがじゃまになって、右が左を追い越せなくなってしまうのです。

両ヒジは入れ替わるように動く

バックスイングでは左ヒジはまっすぐ、右ヒジは内側へ動く。フォロースルーでは左ヒジが内側、右ヒジはまっすぐ動く。これが両ヒジの入れ替え

両ヒジの高さも入れ替わる

正しく両ヒジを入れ替えると、バックスイングでは右ヒジより左ヒジが高くなり、フォロースルーでは右ヒジより左ヒジが低くなる。ポイントは切り返しで左ヒジが下がって、右ヒジを振り出すための道を譲ること

ヒジが入れ替えられないパターン

ダウンスイングで右ヒジが左ヒジより低い位置のままついていく。これではヘッドが前に振り出せない、振り遅れ状態

ダウンスイングで左ヒジが低くなろうとしないため、右ヒジを高く上げて振り抜こうとするパターン。これではアウトサイド・インになる

この「ヒジの入れ替え」で四角い枠からヒジをはみ出さずに動かせば、フェースの開閉が確実になってボールが捕まるのです。

最終的には「身体の動きは大、腕の動きは小」ですから、この四角い枠ごと身体を動かしつつその枠の中ではヒジを入れ替える、という大小の動きの組み合わせができるようになるのが目標です。

ハーフスイングでのラウンドシミュレーション

第3章では、ウエッジ、7番アイアンとFWを使ってのハーフスイングを説明しました。これを毎週1回、3カ月続けた私のレッスン生の皆さんは、例外なく30ヤード、100ヤード、150ヤードを10球中7、8割の確率で方向性よく打てるようになります。30ヤードでは、半径3メートルくらいの円の中にほとんどの球が集まっています。

すると、もう、これだけでも「シングル」に近づくラウンドができるのです。まだフルスイングまでつくりあげていないのに、「まさか」と思いますか。

シミュレーションをしてみましょう。

標準的なパー4として、330ヤードのホールを考えます。ティショットは5Wを使ってハーフスイング。計算上150ヤード進めます。2打目も5Wを使って確実に150ヤード。残り30ヤードはウエッジで磨いた得意の距離。これを乗せてボギーオン。2パットで沈めればボギーです。1章で説明した「盤石のボギーペース」ができあがります。

480ヤード程度のパー5も、5Wのハーフスイングで150+150+150とつないで、3打で450ヤード。もしかするとグリーン手前あたりにパーオンできている可能性もあります。ショットが左右にばらついたとしても、30ヤード以内には来ているでしょう。そこからは得意のアプローチで乗せられます。乗せたら入れ替えのパッティングで2パットのボギー。3打で乗せていれば、パーがとれています。

パー3も同じ考え方で、悪くてもボギーオン。それを2パットで沈められれば、これも「盤石のボギーペース」。もちろん3パットは出てしまうものですが、30ヤードのアプローチを磨いていれば1パット圏内に寄る確率も上がっているでしょうから、寄せワンのパーが決まって取り返すこともできるはずです。

距離の短いホールでは、パーオンして2パットのパーも期待できますし、ボギーオンしたものの「寄せワンのパー」を出せる確率も高まっているので、「盤石のボギーペース」から4つ5つスコアを減らす可能性も十分にあります。「夢のシングル」的なプレーが、夢ではなく現実味をもって考えられるようになるでしょう。

200ヤード程度の飛距離がわかる練習場であれば、ぜひハーフスイングでの模擬ラウンドをしてみていただきたいと思います。いま説明したように、FWでティオフしてあとはFW、もしくは7番アイアンでつなぎます。それぞれ打席から打って、飛距離と方向から見て想像上のゴルフコースをどう進んでいるかイメージするのです。

グリーン周辺まで来たら、必ず30ヤードの距離を狙ってウエッジでハーフスイング。それが目標からワンピン半くらいのエリア（半径約3メートル）に打てたら、グリーンオンです。最後は必ず30ヤードでグリーンに乗せられる位置に運んでおくことが、ここまで培った技術を効率よく使うポイントです。

合理的だから誰にでもできるようになるのが本当のスイング

タイガー・ウッズや石川遼プロだけが特殊な骨格や筋肉をもっているのではなく、皆さんも彼らと同じ人体構造であるのは、言うまでもありません。もちろん、関節のやわらかさや筋肉の強さには差があるでしょうが、喜ぶべきことに、機能的なゴルフスイングでは必ずしもそれらは必須の条件ではありません。

本当に必要なのは、身体の機能を使いこなす「合理的な理論」だけです。今まではそれを与えられていなかったから、うまくなれなかっただけの話。本書の「入れ替え」「ハーフスイング練習法」は人体の構造と機能に裏付けられた「合理的な理論」ですから、それに沿って組み立てていけば、だれでもができるはずなのです。

そのための理論的な解説と、それに沿ってそれらを効率よく身につけるためのドリルをできるだけていねいに、もれなく紹介したつもりです。一つひとつ、コツコツと続けていただければ、あなたも入れ替え動作という「スイングの楷書」をマスターし、次の段階へと駒を進める技術的ベースができあがっているはず。そこで得られる範疇に、「シングル」というレベルは余裕で入ってきます。

理にかなったことを身につければ、誰でも恒久的な進歩や上達が望めます。ゴルフは生涯スポーツとしてのさまざまな魅力にあふれたスポーツです。「もっと楽しく、簡単に、夢をもっていつまでも」というゴルファーの理想像に近づくために、ぜひ、一歩一歩、歩を進めてスイングの原理原則を理解し、コースでゴルフを楽しむための基本を身につけてください。

おわりに

理にかなっていることを理解しつつも、入れ替えを受け入れられない人がいます。そうした人は、「自然にできているはずの動きを、わざわざ意識的にやる必要はない」といいます。でも、「自然にできるはずのこと」ができていないためにうまく打てない人のなんと多いことか。もちろん「自然にできている人」もいるでしょうが、そういう人はすでにうまく打てているのです。それができていない人は、意識して行わなければなりません。

はじめは大げさにやっていいのです。というより、そうしなければ今までの悪い動きを直すことはできません。「明治の大砲みたいでかっこわるい」と思うでしょうが、割り切って取り組んでください。人が生きるために酸素が必要なように、ゴルフスイングには入れ替えが必要不可欠なのです。

そうした私の主張に対して異論もあるかもしれませんが、ゴルフスイングに入れ替えがあることは事実なのです。地動説を唱えたガリレオが異端裁判を受け、「それでも地球は回っている」と主張したのと同じように、私も「それでも入れ替えは起こっている」と最後に記しておきます。

参考文献

『スポーツ上達の力学―イラストでわかるスポーツ動作の原理』
（八木一正著、大河出版）
『気剣体一致の武術的身体を創る―ふたつとない姿態創造への道標』
（黒田鉄山著、ＢＡＢジャパン出版局）
『ゴルフを科学する』
（セオドア・Ｐ・ジョーゲンセン著、丸善）

青春新書
PLAYBOOKS
人生を自由自在に活動《プレイ》する

人生の活動源として

いま要求される新しい気運は、最も現実的な生々しい時代に吐息する大衆の活力と活動源である。

文明はすべてを合理化し、自主的精神はますます衰退に瀕し、自由は奪われようとしている今日、プレイブックスに課せられた役割と必要は広く新鮮な願いとなろう。

いわゆる知識人にもとめる書物は数多く窺うまでもない。

本刊行は、在来の観念類型を打破し、謂わば現代生活の機能に即する潤滑油として、逞しい生命を吹込もうとするものである。

われわれの現状は、埃りと騒音に紛れ、雑踏に苛まれ、あくせく追われる仕事に、日々の不安は健全な精神生活を妨げる圧迫感となり、まさに現実はストレス症状を呈している。

プレイブックスは、それらすべてのうっ積を吹きとばし、自由闊達な活動力を培養し、勇気と自信を生みだす最も楽しいシリーズたらんことを、われわれは鋭意貫かんとするものである。

―創始者のことば―　小澤和一

著者紹介

永井延宏〈ながい　のぶひろ〉

1969年2月22日埼玉県生まれ。10歳からゴルフを始め、日大桜ヶ丘高校ではゴルフ部キャプテンを務める。アマチュアとして活躍したあと、卒業後は米国にゴルフ留学しスイング研究に取り組む。帰国後、桑原克典プロのコーチ、東京大学ゴルフ部コーチなどを経る。古武道やゴルフギアの最先端科学についても造詣が深く、そこから導き出された最先端のスイング理論は、アマチュアだけでなくツアープロも含めたゴルフ業界からも高い評価を受けている。

2006年ゴルフダイジェスト誌レッスン・オブ・ザ・イヤー受賞。

永井延宏公式ウェブサイト「Deep in Golf」

http://www.deepingolf.com

twitter公式アカウント

@nobunagagolf

ゴルフ

㊣《ちょう》ハーフスイングの法則《ほうそく》

青春新書 PLAYBOOKS

2010年2月25日　第1刷

著者　永《なが》井《い》延《のぶ》宏《ひろ》

発行者　小澤源太郎

責任編集　株式会社プライム涌光

電話　編集部　03(3203)2850

発行所　東京都新宿区若松町12番1号 〒162-0056　株式会社青春出版社

電話　営業部　03(3207)1916　振替番号　00190-7-98602

印刷・中央精版印刷　製本・フォーネット社

ISBN978-4-413-01905-7